没有播种，何来收获；

没有辛劳，何来成功；

没有磨难，何来荣耀；

没有挫折，何来辉煌。

安徽省残联 张纯和 2009.12.3

安徽省残疾人联合会党组书记、理事长张纯和为本书题词

目 录(Contents)

序

刘璟，一个非常美丽的名字，一个在学校人人皆知的同学。能为刘璟翻译的作品作序，我感到无比的高兴，因为她不仅是在传播中西文化，更是在弘扬“身残志坚、百折不挠”的精神。刘璟，一个脑瘫患者，全身90%以上的肢体瘫痪，仅五根手指能自由活动，21个春秋都是在轮椅上度过的。她是一个连挪动自己手臂的力气都没有的女孩，却以优异的成绩考上了初中、高中和大学，创造了一个又一个奇迹。大学期间，刘璟先后获得了“全国首届‘自强之星’入围奖”和“安徽省‘励志成才、自立自强、报效祖国’演讲比赛”一等奖，每年均荣获“国家励志奖学金”和“校级奖学金”，2006年被评为“安庆市身残志坚优秀共青团员”，2007年被遴选为第二届“安徽省优秀青年学生”，2008年被推选为“安庆市残疾人自强模范”、“省级三好学生”，曾被新华社、江苏教育电视台、南京电视台、安徽电视台、《江淮晨报》、《安徽商报》、安庆电视台、安庆人民广播电台、《安庆日报》、《安庆晚报》等多家媒体报道。

在她20岁的时候，刘璟作出了一个惊人的决定，她要翻译外国文学作品，充当中外交流的使者。在老师和同学的帮助下，历时一年时间，她终于如愿以偿，完成了自己的首部译作——《公主传奇》。

《公主传奇》一共八章，每章都是一个完整的童话冒险故事，具有相对的独立性，同时又承上启下，共同构成一部情节曲折离奇、内容丰富多彩的童话小说，读后给人带来心灵的震撼和智慧的启迪。小说中，主人公索菲娅公主的生活充满了挑战与冒险，权力的争夺和小人的阴谋使她和家人常常身陷绝境、命悬一线，一次又一次地面临生死考验。但她的善良、智慧、勇气和决心帮助她战胜了一切厄运和邪恶，使她能够乐观地去追求幸福和挚爱。译者对原作理解准确，译文语言优美生动，反映了译者具有扎实的专业素养和比较过硬的驾驭中英两种文字的能力。选择这样一部作品进行翻译，体现了译者不畏艰难、积极进取的人生态度和对真善美的执著追求，也为广大青少年读者献上了一道美味的心灵鸡汤。

该书原著书名为*Daring Quests of Mystics*，作者为美籍华人Shirley Cheng(郑星)，一位已有20部作品获奖的肢疾盲人作家。Shirley Cheng同时也是一位才华横溢的演说家、渊博的学者和诗人，多次荣膺国际国内大奖，是美国"身残志坚"的杰出代表。刘璟与她有着类似的经历与苦愁，但都克服了人生道路上的种种困难，成为青少年的"楷模"。

在2009年"五四"青年节纪念活动中，胡锦涛总书记对青年人提出了殷切的期望，他希望广大青年一定要认清历史使命，勇担时代重任，用坚定的信念、顽强的意志、持续的奋斗，在改革开放和社会主义现代化建设中建功立业。看着刘璟能快乐成长、励志成才，我深感欣慰。同时，我也希望广大青年学生能像刘璟一样，不畏艰难，奋力拼搏，用刻苦学习、勇争一流的实际行动报效祖国，大胆探索，锐意进取，自觉地站在改革开放的前列，为国家的繁荣富强贡献自己的聪明才智。

安徽省政协常委、安庆师范学院党委书记

赵晓和

译 序

从去冬到今夏，历经寒暑，这部《公主传奇》译稿终于完成！过去的几个月里，在繁忙的学习之余，我常常守着孤灯夜战到深夜。一杯茶、一叠纸、一本书、几部词典构成了我翻译工作的全部。字字斟酌，反复推敲，为偶得一个准确精彩的词语而欣喜万分，又因苦思冥想却毫无灵感而惆怅不已。困惑时，我让妈妈把轮椅推到窗前，倚窗默默眺望远处稀疏的灯火，灵魂此时也似乎摆脱了羸弱的肢体的束缚，徜徉在无尽的温柔夜色中以获取灵感。“黑夜给了我黑色的眼睛，我却用它寻找光明”，年轻的诗人顾城曾如此沉吟；而我却希望借助黑夜的灵感之光，为我照亮美国盲人女作家 Shirley Cheng 的探险之旅。

初读 *Daring Quests of Mystics*，感觉只是一部文字细腻、情感动人的童话，但细细品味之后会发现这是一首真善美的颂歌，是虽身陷逆境但依然顽强拼搏的精神绝唱。主人公索菲娅公主无疑是善良、美丽和智慧的化身。虽然历尽艰险，被恶人虚伪的外表迷惑过，因恐惧与迷惘而悲伤哭泣过，在困境和挫折面前曾气馁过，但她从未放弃希望和必胜的信念，她的身上始终闪耀着乐观向上、奋发有为的人性光辉。这种真善美的理想和坚强不屈的精神深深激励着我，使我迫不及待地想将它呈现给中国读者，也为我锲而不舍地进行翻译工作提供了精神动力。

英国著名学者I·A·理查兹曾说，翻译很可能是宇宙进化过程中产生的人类最复杂的一类活动。诚哉斯言！翻译此书过程中我遇到的困难不胜枚举。比如书中多次出现“gentle”这个词，如何准确地翻译这个词，我曾一度限入迷惘。苦思冥想后，我决定按照不同的场合或人物将其分别译为“优雅”、“儒雅”、“彬彬有礼”、“风度翩翩”，从而感叹中国文化的博大精深、汉语表达的丰富多样。除了语言表达，我还遭遇了有关译者自由的困惑。小说几乎每一章都会涉及杀戮战斗的场景，如第一章公主的魔戒放出火焰，将敌人的军队燃烧殆尽，由于我实在不忍心用“把他们活活烧死”这样的字眼与原文完全对译，只好采用了模糊化处理方式，将其含蓄翻译成“消灭”。还有第四章中巫女被绞死的情景，其实她也只不过是追求心中所爱，虽然手段阴险了点，但我认为其罪不至死，尤其是绞死这种酷刑，实在令人难以接受。事后打电话向翻译指导老师请教，但老师说翻译不同于写作，译者不应该任意改写原文。虽思考再三，终究还是没法狠下心来做一名“无情”的译者，最后只能译成了“化为灰烬”，至于巫女最终的下场也只能服从于原作的安排了。翻译困难是一方面，但正因为遭遇了这些困难，才使我有了很多收获。人们常说“翻译是带着镣铐跳舞”，我直至真正开始翻译时，才开始深刻领悟出这句话的含义，不再幼稚地以为翻译只不过是查查字典、连词成句而已。在翻译第一章时，我曾遇到了不小的挑战，心中明白原文的意思，但就是没办法用汉语准确地表达出来，这种“只可意会，不可言传”的体验，使我认识到平时加强语言积累的重要性，以免有“书到用时方恨少”的慨叹。

当然，翻译过程中我亦体会到了很多快乐，尤其是在百思不得一妙语佳句时突然灵感闪现，于是赶紧执笔铺卷，记下脑中思绪。翻译第四章欧奈儿所唱的歌时，由于考虑到她是巫女的特殊身份，如果只是译成通俗的白话民谣似乎不妥。思索再三，我决定大胆套用《楚辞》的格式，采用意译的方法，将其译成带有浓厚东方古典色彩的歌谣。值得高兴的是，我的这段译文受到了老师的赞许。

翻译的心得与收获非三言两语所能道尽，但有一点是肯定的：这次的实践更加坚定了我日后努力成为一名专业译者的信心与决心。在此，我衷心感谢安庆师范学院外国语学院的郝涂根院长为《公主传奇》译稿的出版给予的不遗余力的慷慨帮助，感谢指导老师陈水生先生和张枝新女士的耐心指教和对初稿的多次修改，感谢我的辅导员石卓义老师及我的同学柴幼林、陈晨、卜虹菲、项科媛、程蓉蓉、郭燕、汪舒琴、王琰、章婷婷、王迟等提供的多方帮助与支持。最后，我要感谢我的父母，是他们无尽的和无言的爱赋予了我不断前行的勇气和希望。

由于这是我第一次尝试翻译长篇文学作品，资历尚浅，缺乏经验，译文中必然存在不足之处，望广大读者朋友多多批评指正。

刘　璟

2009年6月27日晚

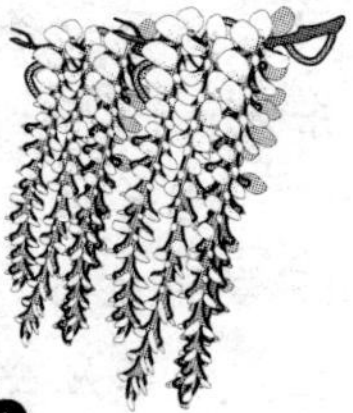

神奇礼物

1

这个神奇的故事发生在很久以前，那是个充满魔法与神秘的时代，是一个王国雄起、骑士辈出的时代。在一片郁郁葱葱、山峦起伏的土地上，一座高耸但并不陡峭的山上坐落着一座巨大的石头城堡，它日夜俯视着这片赫赫有名的国土——诺可塞利亚。群山之外是忙碌喧嚣的村庄和往来不绝的人群。那里有哄着孩子的父母，有旅行的商贾，有负责维持秩序和保障安全的官员。高高的城堡的影子常年掩映着这些村庄，那形状一点也不阴森恐怖，反而使人感到温暖、安全。村民们常常仰望着这座城堡，一些人编着历险故事讲给他们的孩子听，另一些人则幻想着过上城堡里的人那样悠闲自在的生活。很多人都听说过城堡里那位仁慈的君主——弗拉申国王，还有他的掌上明珠——索菲娅公主。弗拉申国王是位诚信正直、很有作为的君主，但就在几年前他挚爱的王后雪希雅病逝后，他曾一度陷入悲伤之中。

这片土地总是得到好天气的眷顾，阳光轻柔地照耀着世间万物，微风调皮地逗弄着女人们的头发。漫山遍野，不计其数的花儿随风起舞，高大的树木星罗点缀于连绵起伏的群山之间。山下一条波光粼粼的小溪带着对大海的美好憧憬，流向东方。

这天阳光明媚，恰逢一个盛大的庆典。这天是索菲娅公主17岁的生日，她的婚礼也将在下个月举行。

索菲娅公主备受所有人的拥护与喜爱，不仅仅因为她漂亮迷人，更是由于她温柔善良，举止优雅脱俗，而且拥有一颗金子般的心。她总能将微蹙的眉头变为温暖的微笑。她不仅是城堡内国王的掌上明珠，也是全国臣民心中的璀璨明珠。尽管大多数国民未曾一睹她的风姿，但她的魅力通过那些有幸目睹她的风采的人们之口得以广为流传。第一眼看到她，你就会被她那美丽精致的容貌所倾倒。她微卷的金色长发高高盘起，一小簇刘海轻轻垂下，恰到好处地修饰了她高高的前额和柔美的面庞。她的皮肤如百合花瓣般洁净白皙。注视着她那双蓝宝石般的明眸，那比天空和海洋更加湛蓝的美将令你永生难忘。她的嘴唇如含苞待放的玫瑰，娇艳欲滴，随之绽放出的微笑更是感染了无数的人，即便那些很少露出笑容的人也会为之感动。她的声音如夜莺般婉转动听，像水晶般清澈透明。她不仅美貌过人，才艺更令人折服。她画技出众，能简洁传神地描绘出眼中所见，能无比优雅地演奏各种乐器，能创作最睿智的文字。尽管如此优秀，她的心中并无半点虚荣与傲慢。她也从不看轻那些才智与容貌不及她的人。这么说吧，她是一朵不带芒刺的玫瑰，香气飘溢在世界的每一个角落，所有人均能分享到她的芬芳。

成千上万的人参加了这个特别的庆典。有富可敌国的权贵，也有一贫如洗的穷汉；有老态龙钟的长者，也有蹒跚学步的幼童；有幸福无比的幸运儿，也有忧愁困苦的断肠人（当然今天毫不忧愁）；还有乖巧听话的孩子，这些顽皮淘气的小家伙们今天个个都像完美的天使。在这些宾客中有一位特殊的客人，她是王室家族特别的朋友，一位名叫多恩的预言家。神圣的上帝这唯一的神明赋予了她预知未来的能力。遗憾的是，那个王子，也就是索菲娅公主的未婚夫，却未能出席盛典。

每位宾客皆穿着讲究，光彩照人，就连穷人们也很懂礼貌和规矩。弗拉申国王相貌非凡，德行高尚。他一头的褐发，两鬓已略泛白，一双炯炯有神的眼睛，眼角处的少许皱纹记录着多年来的欢笑，但他内心的灵魂却依然年轻，全身都迸发出活力，犹如明亮的蜡烛照亮了茫茫的夜空。此刻，他浓密的双眉温和地舒展开来，问候着每一位来宾，对所有人都充满同样的善意和尊敬，对穷人和弱者也毫不鄙视。远远望去，人们的目光会本能地关注他那独一无二的鼻子——漂亮、高挺的鼻梁彰显着威严与英明。他有力的双手优雅地与列队的宾客们一一相握，客人们虽然迫不及待，但还是耐心地等待轮到自己的那一刻。

接着，人群中发出了惊叹之声，所有的目光都聚焦于一处。索菲娅公主出场了！她迈着优美的步子跟随着她的父亲沿台阶缓缓而下，紫罗兰缎子的裙摆长长地拖在身后，更为她增添了一份玲珑的曲线美。毫无疑问，索菲娅公主美冠群芳，就连装饰的宝石也因她的存在而黯然失色。各色的眼睛都注视着她，注视着她的每一步。有些人甚至忘了咽下口中的食物，还有人竟如王室的小狗般追随着她。啊，她的确称得上是一道神奇的风景！

每个人都享受着愉悦的时光。艺人们表演着拿手好戏，演奏着动听的乐曲，光洁的大理石地面倒映出人们快乐的脸庞。索菲娅公主与在场的所有幸运的男士翩翩起舞，他们争相使出浑身解数从其他竞争者手中将她“偷”走。自高高的塔顶至下面的村庄，欢歌笑语无处不在。鸟儿啁啾的叫声更为这和谐之声增添了几分情趣。

年轻的维多夫伯爵跟他的朋友索菲娅开玩笑道:"您让这里所有的女士都羡慕不已呢。"

"哪里的话。"索菲娅回以俏皮的微笑。

"洛劳克斯王子今天怎么没来?"

"他说有件紧要的事要处理。"

这时殿堂上响起了公主最喜欢的乐曲,于是维多夫伯爵礼貌地问道:"能与您共舞一曲吗?"

一张张餐桌有序地摆好,美味佳肴呈了上来,金色的器皿内盛满了烤孔雀、天鹅等奇特珍馐。刚刚采摘的野花的清新芳香倍增了欢乐的气氛。

盛大的宴会上,人们谈兴正浓,突然,一个低沉的声音响起:"亲爱的公主殿下,现在就由我为你带来上帝的赐言。"在场的每个人都在寻找声音的来源,索菲娅公主也睁大眼睛。说话的人正是多恩。每个人都焦急地等待着下文。多恩面色神秘地开始用她那低沉、洪亮的声音说道:

"在你 17 岁生日后的第一个月,快乐将与你相伴。而一个月后,恐怖的阴云将纷纷涌来。记住,婚礼当日将为你命运的转折点。"

大殿内霎时间陷入了一片寂静。

终于,公主颤抖的声音打破了沉寂:"那么我该怎么办?"

先知高高举起她清瘦的手。一个白色的影子闪现在窗外,紧接着在她们两人身边盘旋,这时人们方才看清是只雪白的鸽子。公主不禁瞪大了眼睛。"好漂亮的鸽子啊。"她惊叹道。白鸽收起了翅膀,停在多恩的腕上。多恩微笑着拍了拍它,沉默了半晌,然后取下手指上的一枚金色戒指。"向它们寻求帮助吧。"多恩低声说道,"它们会在必要时助你一臂之力。"白鸽咕咕叫着,望着那枚戒指,只见上面彩色的宝石发出耀眼的光芒。

2

索菲娅公主生日后的第一个月在平静中一天天地过去了。日子飞快地流逝，就像蜂鸟在花朵间窜来跃去。令人们惊叹的是，公主竟越长越美丽——这简直难以置信，因为她的美貌原本已经到达了顶峰。

不知不觉中，到了索菲娅公主婚礼的前一天。公主即将和邻国的王子——一位英武的美少年喜结连理，每个人都怀着无比兴奋的心情为这场婚礼忙碌着。然而公主却满腹忧愁，焦虑不安。她想起先知的话和无法逃避的预言。“明天日出之时我会遇到什么可怕的事呢?”她心情沉重地自言自语。

晚餐后，王室全家坐在一起悠闲地下着棋。他们心爱的宠物，一只聪明伶俐、能说会道的彩羽鹦鹉罗里可斯，正注视着棋盘上双方的较量。

“公主必胜！公主必胜!”鸟儿兴奋地叫着。

但结局不似往常，公主输给了她的父亲。

“哎呀，姜还是老的辣啊！你说是不是，罗里可斯?”国王的笑声在华丽的居室间回荡。

“是啊!”索菲娅公主显得心不在焉。弗拉申国王看着他的女儿，眼中充满关爱:“索菲娅，我的宝贝，是什么令你漂亮的小脸布满了愁云?”

公主不想向她的父亲提及那个令人不快的预言，于是她勉强笑了笑:“也许我在为明天那个特殊的日子而紧张吧。”她从不吐露半点不真实的想法。如果不是因为想起预言家的话，她倒真的会为了婚礼而紧张吧。这个时候她很不忍心再让父亲担忧，所以无论什么样的不幸降临，她都会全力以赴去面对，去战胜它。

“我亲爱的孩子，每个人都会经历这样的大事。”弗拉申国王微微一笑，眨了眨眼睛。“一切都会顺利的，孩子。”这位慈爱的国王说道。他不知道女儿内心所想，所以轻松地以为一切太平。然后，他轻轻吻了吻女儿的前额，祝她好梦。

父亲的话多多少少抚慰了索菲娅的心，她缓缓登上螺旋形的楼梯，回到自己的卧室。这是一间光彩照人的华美居室，五扇窗户上均挂有滚边的刺绣窗帘，墙上镶着名画，其中一幅油画画的是她早逝的母亲——一位有着漂亮卷发和宝石般眼睛的女人。她沉痛地凝视着这幅肖像。虽时隔多年，她依然深深地思念着母亲。母亲曾经的歌声与笑声仍铭刻在公主的记忆里。索菲娅公主回忆着她的母亲如何用手爱抚着自己的头发，如何用最好看的裙子打扮她。她经常重温这些难忘的珍贵时刻，可惜它们一去不复返了。或许某一天，她们将在另一个未知的世界里相见。

她跪坐在床上，合起娇美玲珑的双手，默默地祈祷，感谢上帝让她拥有了慈爱的父亲、珍贵的友谊、漂亮的衣服、美味的食物和舒适的住所。她祈祷能得到全能的上帝的指引和帮助。

当轻柔的夜幕降临这片国土，虔诚的公主进入了梦乡，满怀期待地等候着明天的到来。城内的王公贵族及城外的普通百姓也都安详地沉沉睡去。静谧的田园中，夜行的动物们却精神抖擞。银白皎洁的月光撒满山谷。夜空上繁星点点，仿佛座座灯塔指引着前方的路。但愿天上闪耀的群星能够照亮未来……

3

第二天一大早，索菲娅公主被掠窗而过的乌云的阴影惊醒。那一刻，她感到有什么不好的事情发生了。外面传来喊叫声与哭泣声。她迅速从床上爬起来向窗外望，眼前恐怖的景象令她一阵窒息：摇曳不定的烟尘中，尸横遍野，清晰可见。她不敢多看那些可怕的场面，飞快地穿戴好，跑向她父亲的房间，但她看到的却是一间空空的卧室。

她走出城堡，随即便得知了真相。国王军队里一名濒死的骑兵竭尽最后的力气告诉公主，她的父亲被另一个王国的军队抓走了。当得知侵略他们的正是她未婚夫的王国时，索菲娅惊骇不已。那位王子之所以想和她结婚，并非出于爱情和团结，而是想统治她的国家。

公主当机立断，快步跑进自己的卧室。她记起多恩的提议，找到白鸽与那枚戒指。但先知并不曾详述这些东西会怎样帮助她，只是告诉她只要根据心中的直觉行事，就能得到它们的指引和帮助。索菲娅公主扫视着房间的每一处，寻思着还要带上什么物件以防万一。她从自己的床上捡起一条轻薄的毯子，觉得可能会有用处，于是将它系在了腰上。

公主戴上戒指，将鸽子放在肩上，顾不上照镜子便匆匆徒步出发，去寻找父亲的下落。灰蒙蒙的天空阴云密布，然而并没有落下一滴雨，也没有暴风雨前的隆隆雷声，只听到敏捷、轻快的脚步声渐行渐远，直到那美丽的身影渐渐消失在淡淡的晨雾之中。

索菲娅公主跟着她的直觉走，穿过一片茂密的丛林，来到一个峡谷边。往常总会有鸟儿快乐的鸣叫声在山涧回荡，可今天却与平日不同，她看到的每一处都充满着幽暗气息。没有阳光温和的抚慰；树木看上去正张开饥饿的大口引诱着毫无防备的路人；狂风咆哮着刮过树丛，发出诡异的声响。但尽管前方路途凶险，英勇无畏的公主并不感到害怕，继续迈着坚定的步伐行进。

行至峡谷中央的时候，白鸽忽然“倏”地飞了起来，一会儿便不见了踪影。索菲娅公主深深地叹了一口气，更坚定地继续向前走。她没有绝望，因为她坚信多恩的话，坚信来自心底的声音。她过去一直没有放弃过希望，现在的她更不会。坚强的意志是不可战胜的，无论如何她都会咬紧牙关坚持到底。

她连续走了四个小时，然后瘫倒在满是尘土的地上。由于疲惫不堪，她的胸口剧烈地起伏着。“我要是有匹马就好了。”想起她心爱的马儿已在战乱中死去，她叹了口气。是啊，她太累了，没法继续走下去，她现在最需要的是小憩片刻。很快地，索菲娅公主沉沉睡去，浑然不知自然界里的精灵朋友们正庇护着她。它们毛茸茸的身体围住熟睡的公主，眨巴着小眼睛想知道究竟为什么这位公主会来到这样一个荒凉的地方，肯定是有什么重大的事情发生了。尽管好奇，它们却与公主保持着距离，怕吵醒了她，因为它们知道沉睡的公主多么需要休息以面对接下来的考验。

4

索菲娅公主一觉醒来时，太阳已冲出了阴暗的云层，露出了久违的笑脸。此时天空中有几朵白云悠悠飘过，和煦的微风吹拂着大地。

不经意间，她注意到地上有些东西，看上去好像是白色的羽毛。她捡起一片仔细查看，发现那正是白鸽身上的羽毛，那簇羽毛正指向一个未知的地方。她满怀希望，决定循着这痕迹追寻。她向前走去，手上的戒指忽然热了起来。每走一步，戒指就变得更热一点。刚开始她没有察觉到，直到偏离小径后戒指转而逐渐冷却，这时公主才发现戒指神奇的力量。

两个小时后，公主来到一座怪石嶙峋、异常陡峭的山前。此时她手指上的戒指变得灼热无比，但她顾不上这些。她顺着山脚走了一圈，想找到一条上山的路，最后她选择了一个恰当的位置，开始向上爬。不一会儿，索菲娅公主精美的裙子已破烂不堪，胳膊与腿上也伤痕累累，可她毫不在乎。

就在她竭力攀缘而上的时候，上面传来微弱的响动声，这声音给了她坚持的力量。一会儿，公主发现了一处幽暗的洞穴。她慢慢挪近，发觉自己置身于一个通道内，里面黑乎乎的。公主毫不犹豫地走了进去，随即戒指发出金黄的光，这光开始还很弱，可她越向里走，光亮就越强烈。通道的尽头是一小片开阔地，她一眼就看见父亲被绑在那里，嘴巴被塞住了。由于饥饿，他非常虚弱，已奄奄一息。这时灼热的戒指令公主的手疼痛难忍，但她全然不顾，走上前去解开父亲身上的绳索。寒冷、惊恐或许再加上愤怒，这一切令弗拉申国王全身战栗，好在除了这些，他并没有受伤。索菲娅公主迅速解下腰上的薄毯，披在父亲身上。终于找到了父亲，她现在如释重负。她明白接下来自己可以无畏地面对任何挑战，因为最艰巨的任务已经完成了！

“您在这儿别动，父王！”索菲娅不敢多耽误一分钟，匆匆出发去寻求援助。下山固然比上山容易很多，但同样危险。然而公主娇小的身躯具有很大的优势，她就像只灵巧的羚羊，娴熟敏捷地飞奔而下。终于她的双脚又踏上了坚实的山下的土地。

突然，一阵阵奔腾的马蹄声响起。公主转身一看，顿时吃

了一惊，只见一大群士兵骑着黑色的战马朝她冲来，公主立刻拼命逃跑。

蓦地，她停下了脚步，因为她发现前方道路上的羽毛开始变幻着形状，缓慢而有序，最后羽毛竟幻化成约 800 名英勇的骑士。他们身着无比华丽的盔甲，擎着金色的盾牌，手持闪亮的长剑，每个人都骑着长着双翅的强壮白马。

两队士兵开始交战。索菲娅公主躲在一棵高大的树后，紧张地注视着双方的战斗。她的魔法军队骁勇善战，所向披靡，骑士们个个剑术精湛。因此，不一会儿就打败了那支邪恶的军队。

太阳的光芒照在公主的戒指上，戒指反射出一束光，将那支邪恶的军队全部化为灰烬。

5

新的一天来到了，城堡内再次变得井然有序。国王也迅速恢复了体力，他依旧容光焕发，光彩照人。全国上下正举办一场专为索菲娅公主准备的欢乐庆典。这场庆典比王国历史上所有的典礼都要盛大，比公主 17 岁生日的那场盛宴更加豪华。几乎乡下所有的人都到城里来了，甚至一些动物也悄悄跟了来，想参加那激动人心的庆典。

“我们的国家遭受了突然袭击，整个王国随即被占领。这一切突如其来，我们的卫兵甚至来不及反击。于是敌人抓住了我，随后又把我囚禁在山上。他们没有杀死我，我想他们希望我慢慢死去，以此取乐。”弗拉申国王讲述着自己可怕的经历。仅仅听着这些话语，就不由得让人心惊肉跳。

“但我始终信任着你！”国王转向他心爱的女儿说道。

“如果没有多恩的礼物，我也无法做到这些。”她坦率地说道，红润的双颊泛着光泽。

“没错，但更多是因为你的善良、勇敢、决心与希望，是你找到了我，并且拯救了整个国家！你就是那真正的神奇礼物！”国王无比骄傲地说道，他那威严的蓝色眼睛闪烁着钦佩的光芒。

所有的人都高呼，举杯祝贺。祭司多恩走进热闹的人群中央，预言道：“我坚信我们的国土将神佑永庇，从此幸福永驻！”

城堡内的欢呼声甚至几里外都清晰可闻，欢快的歌声响彻整个王国。神奇的是白鸽竟突然出现，在湛蓝的天空中翱翔。它的后面，一道彩虹横跨天际，将光明与富饶带给这片国土。阳光普照着大地，每一个阴暗的角落此时都充满了光明与温暖。那些因病没能来参加盛典的人们迫不及待地等待家人回来，好分享这份喜悦。

“我从未想过，原来洛劳克斯王子竟是骗子。”公主轻声叹息。她与洛劳克斯王子相识不久，事实上还不到一年时间。公主回忆起那次的邂逅。那天王子骑着一匹黑马经过，她便被王子出众的相貌所吸引。他那腼腆、内敛的举止和温文尔雅的言谈给她留下了深刻的印象。他对公主与国王彬彬有礼，而且对这个国家表现出浓厚的兴趣，还询问了宫廷内所有的安排及事务。现在她明白了洛劳克斯王子为何会如此急切地想了解她的国家。

她不愿多想起王子的虚伪承诺。驱走了那些不愉快的回忆，公主转而偷偷看着她儿时玩伴维多夫伯爵那双乌黑的眼睛。回想起他们俩多年的亲切相处，公主的内心感到一阵温暖。

“别再伤心了，我美丽的公主。所有的人都如此珍爱着你……尤其是……”维多夫伯爵走向公主，递上一朵红玫瑰，“你已经做得相当出色，你的才能超乎寻常，请恕我难以用言语表达。”

索菲娅公主笑了，于是他们继续跳舞。是啊，总停留在过去是徒劳的，而生气更是对这珍贵时光的浪费。如果一直沉浸在本已痛苦的情境中暗自伤悲，那么终将一事无成。所以忘却过去迎接未来的方法，就是抬头，微笑。

至于那些坏蛋——洛劳克斯王子及所有参与恶行的官员，他们都将自食其果，会受到应有的惩罚，死有余辜。

这是诺可塞利亚历史上一段难忘的插曲，是一个温暖人心的故事，也是一个勇敢者战胜邪恶、迎来幸福的传奇。许多年过去了，它一直代代相传，然后传到了我这一代。所以，孩子们，请记住，如果你努力倾听内心的声音，就会发现，有了希望与决心，便会大有作为。

当然了，国王、公主、白鸽、罗里可斯以及国内所有的人们都快乐地生活着，记忆中的每一天都像花儿一样明艳地绽放。但是，尽管山谷中恢复了平静，岛上的精灵们还期待着新的冒险故事的到来呢。

身世之谜

1

在很远很远的地方，有一片充满着冒险故事和未知传奇的土地。那里没有邪恶的侵害，幸福常驻；那里总是阳光灿烂，少有阴霾。那是一个传奇的时代，一个存在着神秘力量和未知奥秘的时代。那片土地的名字叫诺可塞利亚。在那神奇的地方，野花盛开，青山环绕，明媚的阳光撒满大地，微风顽皮地托起落叶，一起翩翩起舞。在这个神话般的国度中，最著名的要数那座庞大的城堡。它坐落在王国中心高高的峭壁之巅，青石垒就的广厦高高地矗立，巨大的影子庇护着附近的村庄，给那里的人们带来温暖和安全。这座城堡不仅是诺可塞利亚历史传统和辉煌岁月的标志，而且是城内的人民和高尚的王室成员心中真正荣誉的象征。弗拉申国王及其爱女索菲娅公主拥有世代传承的美好品质。弗拉申是一位正直诚信的国王，他的女儿索菲娅则是举止贤淑的公主。

王国内的生活常常充满冒险与兴奋，每逢盛大的婚礼或军队打了胜仗的日子，那特别的一天就成了著名的节日。这个故事一开始就发生在一个节日里。大街上人山人海，喧闹非凡。大人们站在拥挤的人群中，想看看究竟有什么新鲜事；孩子们则悄悄地透过他们母亲的衣裙或父亲的斗篷，好奇地窥视着一切。

“他们在干什么呀？”一个小女孩睁着一双好奇的大眼睛问。“好像是国王陛下迎接一位特殊的客人呢。”她的父亲说道。他试图让女儿安静下来，以便能听到更多的消息。

这时，长长的仪仗队迎面而来，骑兵们身着光洁的崭新盔甲，骑着高贵的白色骏马，向宫殿的正门行进。在他们后面，有一个人端坐在一匹乌黑健壮、皮毛油亮的骏马上。他身材高大，头发银白，一眼望去就可以肯定绝非等闲之辈。他那乌黑的眼睛虽然折射出多年的艰辛与磨炼，但仍然显得无比尊贵，毫不冷酷。毫无疑问，这个人是位国王。他用温和的目光兴趣盎然地仔细打量着前方的人群。自从上次访问邻邦以来，已经过了一段时日了。看到撒满阳光的山谷中的美丽风景，他和蔼可亲的面容焕发出欢乐的神采。当发现一个小男孩坐在他父亲的肩上指着他看时，他的嘴角微微翘起，泛起神秘的微笑，然而眼中却闪现出一丝失望落寞的神情。

大街上的人们兴奋不已，宫殿里也不例外。每个人都怀着激动的心情，有序地准备着一切，城堡内显得格外忙碌，却又充满生机。侍女们跑进跑出，对墙角与桌底进行最后的清扫，甚至连最不起眼的地方也要仔细检查好几遍。

年轻英俊的维多夫伯爵走在匆忙的人群中，喊着他的朋友索菲娅公主：“你在哪儿啊？这儿好多人，我担心把自己弄丢了。”

“你真幽默啊，维多夫阁下。你看上去总喜欢开玩笑。”如音乐般美妙的嗓音自身后传来。维多夫伯爵转过身，惊喜地发现心中的可人儿正立在面前，光彩照人。公主穿着银白色的礼服，极好地衬托了她玲珑有致的身材，显得端庄而典雅。不过即使是衣衫褴褛，也挡不住她的魅力。她是那样令人心醉神迷。只要见她一眼,你就会被她那无与伦比的美所倾倒。她金色的秀发高高盘起,一小簇刘海轻轻垂下,恰到好处地修饰了她那柔和、美丽的前额。今天她的发型较之往常更加别致美丽,光洁的发丝盘成一圈,金光闪闪。她那眉宇间透出的智慧,那蓝宝石般的双眸,让每一个见过她的人都为之沉醉。她懂得该如何巧妙地控制自己的情绪,让紧蹙的眉头变为灿烂的微笑。她的嘴唇红润,仿佛娇艳的玫瑰花瓣,随之绽放的笑容更是打动了无数的人,甚至是那些冷漠的心灵。然而她可不是个绣花枕头。她天资卓越,反应迅速而敏捷。总之,她是这片土地上一颗迷人的明珠,不仅仅是由于她的美丽外表,还因为她有良好的修养、非凡的智慧和金子般的心。

“啊!我的女儿,今天可是个重要日子呢!”弗拉申国王说着向索菲娅公主走来。他停下脚步,在女儿的额头上轻轻一吻。弗拉申国王气度不凡,引人注目的程度不亚于公主。无论他出现在哪里,他的周围处处都能感受到他那威严庄重的气质,在场的人无不为他的高贵儒雅所折服。

公主全家正在等待着米特利斯塔国国王的来访。米特利斯塔是诺可塞利亚的众盟国之一。虽然人们对于该国国王凯西亚了解甚少,但他的温柔亲切广为人知。然而有传言说他有些懦弱,可是究竟真假与否,无人知晓,人们也不好多说。

欢迎仪式开始了,号角吹响了,侍女们也在宫廷的正门外排好了队。骑士们引领凯西亚国王进入了大殿。两位国王见了面,相互热烈而礼貌地问候。经过简短介绍后,各种美味佳肴呈了上来,刚刚采摘的鲜花点缀着长长的餐桌。

“初次见面,不胜荣幸,尊敬的陛下。”维多夫伯爵彬彬有礼地迎接了凯西亚国王,两人相互拥抱。窗外的小动物们看到这样的情景,彼此交换了一下眼神,因为它们敏锐地感觉到,凯西亚国王拥抱维多夫伯爵的时间似乎要长一些。

乐师们奏起美妙的乐曲，杂技演员则抛着五六个球耍起来。光洁的大理石地面映照出艺人们与宾客欢笑的面庞，其中还有一个微小的、彩色的身影清晰可辨。对了，这就是他们可爱的朋友，那只会说话的鹦鹉罗里可斯，它可是宫廷中的开心果哦。它在城堡内飞来飞去，想吸引客人们的注意。这对它来说太容易了，简直不费吹灰之力。有些女士抱着自己的头，生怕罗里可斯飞过时弄乱了她们的发型，而先生们则伸出手表示友好，希望它落下来休息一会。终于，它飞累了，轻轻落在索菲娅公主那娇小柔美的手上。“你这小淘气。”公主笑着用一只手搔搔它的头，逗它玩。罗里克斯只是低着头，好让公主多帮它挠挠痒。

伴着欢快的乐曲与优美的舞蹈，快乐的一天就要过去了。凯西亚国王与弗拉申国王私下畅谈自己国家里各种各样的奇闻轶事，他们俩时不时被那些故事逗得笑出声来。

宴会达到高潮时，索菲娅公主邀请他们特别的朋友多恩为他们带来上帝的赐言。这时候每个人都屏住呼吸，气氛顿时变得神秘莫测，仿佛一件巨大的斗篷掩盖了什么。预言者开始说道：

“我预见一大人物的秘密。若最终真相水落石出，结局反倒皆大欢喜。”

人们开始窃窃私语，女士们则你看着我，我看着你。

尽管公主希望多恩多透露一些，可这位预言家什么也没多说。

2

第二天，多恩的话语成了城堡里众人的谈资，甚至传到了远方的村庄。每个人都在心里暗自猜测着，但没有人把他们的想法说出一个字。有些人甚至突然联想起什么，竟哈哈大笑起来。鸟儿叽叽喳喳的叫声似乎比平常更加响亮了，它们该不会也对这神秘的预言十分在意吧。

当人们苦苦思索着多恩的预言时，索菲娅公主却在想着其他的事情。

“他那甜美的笑容呵……”公主叹了口气，朦胧间，她的目光越过镶着花边的刺绣窗帘直到窗外。她总是情不自禁地想到他，尤其是他那浓密的卷发与温柔的褐色眼睛。不论何时，只要一想起他那微笑的样子，那脸颊上露出的酒窝，公主的心便提了起来，激动又不安。是的，他的欢声笑语，他的无忧无虑，他的乐观进取，甚至于他那笨拙可爱的舞步，都令她爱慕不已。这一切思绪让她禁不住会心地笑了。

突然，公主娇美的肩膀被轻轻拍了一下，她的白日梦戛然而止。她转过身，看到维多夫伯爵那双乌黑的眼睛。

“真是个好天气，不是吗?”他笑着说。

公主点点头，但没有说什么。看到她美丽的脸蛋变得如此凝重，维多夫伯爵又说道：“天气这样好，而你更是如此。但又是什么令你忧心忡忡? 我可以帮你把这些不愉快赶走吗?”

索菲娅笑了笑，挥挥手道：“没有什么不快。你不用为我担心。”她伸出手，指向窗外的风景：“是啊! 天气多么好啊。当我注视这些美好的事物时，心里就由衷地快乐。”

几分钟的沉默后，终于，维多夫伯爵再也控制不住自己，他一把抓住公主的手，放在自己的胸口说：“我的公主，我无法再约束自己的灵魂了，因为我必须告诉你，我爱你! 并且发自灵魂地爱你。我的爱比照耀大地的阳光更加明亮耀眼，比夜空闪烁的星辰还要璀璨夺目，比深海翔游的鱼儿还要缤纷繁多。”

听到这里，公主不禁泪如雨下：“噢，维多夫伯爵，是的，我也爱你，我爱你胜过爱世界上所有的珍珠与宝石! 但我们之间

是不可以提到爱情的，因为……因为……”

“因为我不是王子！”伯爵接过话道，无限忧伤地垂下双肩。他放眼望向窗外，只见一对鸟儿快乐地展翅高飞，一齐分享生命中的幸福时刻。他看着它们翱翔于天空中，直到身影渐渐模糊，最后消失在云端。公主那双碧蓝的眼睛同样也注视着此情此景。两个人就这样默默望着远方，心事重重。爱情离他们近在咫尺，却又那样遥不可及！这就是爱：它布满荆棘，一旦匆匆抓住，便会因刺伤流血而痛苦不堪；它脆弱易折，一旦守护不当，便如花瓣般很快枯萎、凋谢。

3

日子一天天飞快地过去，索菲娅公主依然沉浸在甜蜜又痛苦的思绪中。不过，她很好地隐藏了自己的感受，就连弗拉申国王也对她内心的想法一无所知。她明白，她对维多夫伯爵的爱是不能说出来的，只能留在心底。可是这样的爱是没有结果的，坚持下去只会使这痛苦的情形雪上加霜。

“公主殿下，公主殿下！”维多夫伯爵的喊声打断了她的沉思。

还没等公主反应过来，伯爵便冲进房间。索菲娅一惊，连忙退到门旁。看到维多夫伯爵如此慌乱的样子，她的心一下子揪紧了。

“我的母亲病得很重。”他哽咽着，艰难地说道，“而且医生说她也许活不了多久了……她想和你说说话。”伯爵说着，禁不住流下泪水，“你最好现在就去。”

他们俩快步朝外走去，伯爵的居所离这儿尚有一段距离。此时天空中阴云密布。他们脚步匆匆，两人都担心着那位心地仁慈、乐善好施的贵妇，也就是维多夫伯爵的母亲——卡兰德拉·维多夫夫人。

他们很快到达了目的地。索菲娅公主走进房间，环顾着四周的陈设。昏暗的烛光下，只见窗台边小巧的案几上摆着一只玲珑的花瓶，花瓶里插满了鲜花。房间的中央，维多夫伯爵的母亲躺在床上，她的对面是一面大镜子。

索菲娅公主跪在床边，轻轻握住她那双瘦弱的手："我来了，卡兰德拉夫人。"

"孩子，关上门吧，我想和你单独说说话。"夫人的声音极其虚弱，"我应该告诉你一些事情。"

索菲娅公主按照她说的做了，伯爵也静静地退出门外。

待公主回到她的卧榻边，夫人开始用微弱却不失高贵的声音说道："曾经有这样一位可怜的国王，他的妻子内心卑鄙，而且并不爱他。为了寻求一个真正的知己，他和一位宫女成了好朋友。后来，他们生了个孩子，是个男孩。他有着一双比黑夜还要乌黑的眼睛，微笑时露出两个可爱的酒窝。但是后来，国王为自己的行为感到羞愧。他给那对母子一大包金币，将他们秘密地送到了另一个国家。"

卡兰德拉夫人讲到这里，索菲娅公主就完全明白了，但她没有说什么。于是夫人继续说道："从你的眼神中可以看出你已经知道真相了，我希望让你知道这些。我注意到你们两个常常互相露出爱意的目光，这些都逃不过做母亲的眼睛。作为一个母亲，我多么希望看到，在我的灵魂离开这虚弱的躯体后，你和我的儿子能够幸福地走到一起。"

公主完全体会了她的良苦用心，她对那位国王与夫人之间这段昔日的情感并不反感。她轻柔地拍了拍卡兰德拉夫人的手。

"那么，那位国王他……"公主问道。

“凯西亚。”说完这句话，卡兰德拉夫人安详地永远闭上了眼睛。

泪水顺着索菲娅公主的脸颊慢慢地流下来。窗外的雨水不停地敲打着窗檐，那嘈杂的响声，仿佛是雨滴试图努力逃出这灰暗的束缚。风儿痛苦地呼啸，树枝向阴沉的天空挥舞着手臂，仿佛做着最后的道别。

4

当清晨再次来临，窗外一道彩虹映照在索菲娅公主卧室墙壁的镜子上，宛如一幅油画。阳光温柔地抚着公主的发丝，给她罩上了一层柔和的光泽。立即，她的脑海中闪过与卡兰德拉夫人谈话的情景。她没有向任何人提及这个惊人的真相，生怕它会招致一场风波。维多夫伯爵尽管目光里充满好奇，但考虑到这是刚过世的母亲与公主之间的秘密，他也没有多问。

有几次公主几乎欲脱口而出，可最终她还是忍住了。或许某一天，等到适当的时机来临，她会说出真相。

公主深深地叹了口气，然后起床，决定去那栽满她最喜爱的紫丁香与郁金香的花园里逛逛。想到今天天气不错，很适合描画自然风景，她又带上了她的绘画工具。

天空中虽然仍有少许雨后的乌云在飘荡，但是炙热的太阳已经高高地升起，将残留的雨水完全晒干。鸟儿们啁啾地唱着歌，飞向远方。溪水载着嬉戏的鱼儿，朝着宫廷的东面流淌。高大、茂盛的树木在微风的吹拂下，轻轻地摇动着枝叶。所有的一切都显得如此宁静。然而公主灵魂深处的混乱，与此刻的静谧构成了鲜明的对比。不仅是那个秘密令她的心躁动不已，卡兰德拉夫人的去世也给她带来了无限哀伤。她仍然可以听到头上的铃铛晃动，发出哀婉的声音，感到一阵无形的悲凉席卷全身，好像那黑绫并不是悬挂在夫人灵堂的门上，而是覆盖在了她的身上。

索菲娅公主找到一处青草茂盛的地方坐了下来，开始勾勒风景。她在欣赏着五颜六色、不计其数的野花竞相盛开的美景时，忽然间发现了一些奇怪的石头。石头中好似有什么小东西正发着明亮的光，似乎在紧急召唤着她。公主放下画笔，决定去看个究竟。她站起身，慢慢靠近那些发光的石头。令她吃惊的是，那闪闪发光的东西竟是先知多恩两年前连同那只神秘的白鸽一同赠予她的那枚彩色的钻石戒指。

“奇怪！这个怎么会和这些石头混在一起？”公主好奇地自言自语。没错，就是这枚戒指，是它曾经指引着公主找到被洛劳克斯王子囚禁的弗拉申国王。她知道这枚戒指能够释放热量，当时越靠近她父亲的位置，感觉就越强烈。

她没有多想便将戒指戴上。立刻，戒指开始散发出热量。她甚至可以听到自己的心在加速跳动，她的大脑也在急速转动。

更奇怪的是，这时白鸽出现了，在天空中展翅翱翔。公主再也按捺不住兴奋的心情，开始在宫廷四周走动，想看看戒指究竟欲指引她去哪里。那只神秘的鸽子曾帮助公主找到了她的父亲，现在它紧跟在公主身后。

在她决定远行探秘之前，索菲娅公主回到城堡里，告诉她的侍女她要出去一段时间，如果回来得很晚也不必担心。她接着又拍拍罗里可斯的小脑袋，然后走出大门，最后回望一眼身后的一切后便出发了，骑在父亲在她 18 岁生日时送的黑马上，一路飞奔而去。没有了宫殿高高城墙的保护，公主会遇到什么样的挑战呢？一切不得而知。

5

残云完全退去，天空显得更加明亮。索菲娅公主来到长满萋萋芳草的开阔地，她不知道哪儿才是她冒险之旅的终点。面对挑战，她的脸上总是带着微笑，今天也不例外。明知前方凶险难料，她的眼睛里依然闪烁着坚毅的光芒。

渐渐地，远处一座山丘出现在眼前。公主不由得有一种似曾相识的奇怪感觉。没错，那一次正是凭着感觉她解救了自己的父亲，那么这一次如果真的有人陷入险境，又会是谁在召唤着她呢？

手上的戒指变得格外火热。索菲娅骑着马飞奔向前，山坡已近在咫尺，这时她模模糊糊地听到了一些声音，不像是从山上传来的，而是来自大山的后面。她稳稳地跳下马，然后将马牵到一个偏僻隐蔽的地方，并在树旁拴好。她慢步走向山腰，躲在树丛边的岩石后面，她想这样山后那发出微弱响声的神秘人物便难以发现她了。山上高大的树木遮住了阳光，所以山腰显得很阴暗。公主小心翼翼地顺着山路前进，渐渐距离声源越来越近了。又步行了一小段路之后，几个黑衣人映入眼帘。她轻轻地喘着气，因为她看见凯西亚国王居然也在其中。只见国王的身上绑着一道又一道绳索。一名个子高大、面目凶狠的男子拿着剑，正在威胁他。公主数了数，那儿有 11 名骑兵，但她无法确定是怎么回事。由于树林太茂密了，骑兵的脸并不能轻易地看清楚，不过还是可以清晰地看到每个骑兵手中都持着剑。索菲娅公主仔细地听着他们之间的对话。

“放弃你的王位吧！这个国家需要像我这样的君主。”高个子说。

“休想!”凯西亚国王喝道,目光里带着轻视。

“那么,我就将你背弃泽娜王后的行为曝光于天下。”男子阴笑着胁迫道。

“你,作为我的王弟,怎么能说出如此放肆的话!”国王斥责道,但他的声音有些颤抖,透露出他心中的惧怕。

凯西亚国王的弟弟则笑得更加肆无忌惮:“如果你想死,我可以成全你。”

公主的心“突突”地跳着,无论如何一定要营救国王。此时,白鸽在上空不停地盘旋。它拍打着翅膀,几片羽毛缓缓地落向地面。羽毛一落到地上便开始发挥神奇的魔力,纷纷幻化成骁勇的士兵。

这奇异的景象让在场的两兄弟以及大臣们立刻安静下来。一时间,没有人动一下,大家都睁大眼睛,目瞪口呆。然而当他们意识到自己已经陷入包围时,所有的骑兵马上亮出长剑,准备应战。“哈,管它是什么魔法呢。”邪恶的国王弟弟轻蔑地笑着喊道,“胜利只属于我!”

索菲娅公主连忙从厮斗的战场中跑开。毋庸置疑,交战刚开始,魔法骑兵们就凭借着精湛的剑术取得了胜利,那些恶棍们为他们的罪行付出了代价。他们均被带有魔力的剑刺倒,却只流出少量的血迹。细看这些尸体上的伤口,不由让人大惊失色,因为剑是无法刺穿这么结实的铠甲的。那些恶棍们临死之前才明白原来对方拥有神奇的力量。索菲娅公主可不像他们那般诧异,因为她之前已经领略过这神秘的魔力,并且在它的帮助下赢得了胜利。

她快步跑向瞪大眼睛的凯西亚国王,解下他身上的绳子。

“我,真不敢相信,我简直无法用语言表达我的感激之情!”国王显得有些结巴。

“能够帮助您是我的荣幸,所以不用感谢我,陛下。”索菲娅公主说着，领着国王小心地绕过那些尸体，扶他上马。看到自己死去的王弟，凯西亚国王摇摇头，无限神伤。他们一起度过的日子如今还历历在目，国王怎么也没有想到噩运竟会降临到他们的家族。

“尽管如此，我还是要酬谢你。”国王坚持道。

公主突然想起什么，于是她请求道：“您可以将维多夫伯爵是您儿子这件事告知天下吗？”她向国王保证，宣布的时刻她将站在他的身边。

6

索菲娅公主救了凯西亚国王这件事，传遍了诺可塞利亚和米特利斯塔，弗拉申国王无比自豪。两国人民纷纷传颂着公主英勇救人的故事。孩子们听大人讲勇敢的公主以及她那神奇的礼物的故事，一个个都睁大眼睛。当然，父母们从不会在睡前为他们讲这个故事，因为那样的话，恐怕孩子一整夜都无法入睡了。

一天，凯西亚国王身边的一名官员千里迢迢来到了诺可塞利亚，将一份特殊的公告分发给众人。按照计划，凯西亚国王将于下个星期发表讲话，同时索菲娅公主将陪同出席。

这个消息令人们更加好奇。他们相互询问着，想知道个究竟，有的人实在按捺不住，便找到官员们打听，但是没有得到任何线索。凯西亚国王会说什么呢？没人知道。

“我毫不知情哦。”弗拉申皱起浓浓的眉。听了父亲的话，索菲娅公主露出一个神秘的微笑。一些小精灵趴在窗边，悄悄地偷听屋内的谈话，它们的眼中流露出好奇，好像连它们也在等待着这个重大时刻的到来呢。

7

太阳刚自诺可塞利亚的地平线上冉冉升起，人们便起床，准备去米特利斯塔，因为明天下午凯西亚国王将在公众面前发布公告。

这一天如期而至，远行者们都及时赶到。对于很多人来说，这可是他们头一回见到王室贵族，所以人们兴奋地高声议论个不停，这可让那些焦急的探听者烦恼不已。直到一声号角吹响，嘈杂声才渐渐平息下来。

待到所有的人都安静下来，凯西亚国王清清嗓门，开始叙说他的经历。刚开始，众人对他孤独寂寞的生活异常同情，但随着凯西亚国王的继续讲述，人们的脸上开始露出诧异、震惊的表情。

当凯西亚国王公布他多年隐瞒的儿子名字的那一刻，索菲娅公主望着周围的人群，发现人们纷纷转向发愣的维多夫伯爵。从他的表情中可以看出，他先是怀疑、震惊，接着又迫切地想知道一切。慢慢地，伯爵抬起头，捕捉到公主的目光，他微微一笑，公主亦回以明媚的笑容。终于，他成了她的王子。

“我错了，一直以来我都错了，我对于自己那段时间作出的愚蠢决定深感后悔。在那些孤独的岁月里，我陷入了诱惑的魔掌中不能自拔。或许是我太过于脆弱，但我明白这绝不是犯错的借口。”凯西亚国王说完，缓缓坐下，然后拭去额头上细细的汗珠，看了看下面的人群。这时台下传来低语声，同时索菲娅公主走到广场中央。

“或许大家会感到憎恶、失望，但是勇于承认错误，并且给予宽容，不失为一种进步，所以请大家抛开过去的阴霾，期盼更加灿烂的明天吧！总是停留在绝望中，是没有用处的，对于逝世的卡兰德拉夫人也没有意义。因此，请大家仍然给予凯西亚国王应有的尊敬，并且欢迎我们的王子菲尔斯伦·维多夫殿下！”公主的话音刚落，台下便迸发出热烈的欢呼声与喝彩声。显然，人们的声音已经作出了最好的答复。凯西亚国王与索菲娅公主相视一笑，正如他们所想，美好的未来就在不远的前方。

喝彩祝福的可不仅仅是拥挤的人群哦。精灵们也享受着“家庭庆祝会”，它们小小的心灵也为人民已原谅了凯西亚国王而高兴，为王子与公主这对有情人终将成为眷属而激动。

8

翌日，阳光灿烂，白云悠悠。众多啼鸣的鸟儿与美丽的蝴蝶竞相飞舞，将碧蓝的天空装点得五彩缤纷。伴随着树林里和谐低沉的音律，花儿纷纷开放，宛如林中仙女翩翩起舞。鸟儿们成双结对地飞翔，到处都是一派欢乐的景象。

维多夫王子与索菲娅公主手牵着手，并排行走在凯西亚国王治理的领地上。这里，几千名观众已在等候，再过一会儿，将举行公主与王子的婚礼。弗拉申国王泪流满面，他忍住泪水说道：“女儿啊，是你让我成为天下最幸运、最幸福的父亲！”接着，他又热情地拥抱他的准女婿：“好好照顾自己，你们两个都是！”在这个新家庭里，不论是旧的家庭成员之间，还是新来者之间，都相互拥抱、握手，泪水与欢笑交织在一起。

“我终于梦想成真了。”王子深深地吸了口气，满怀喜悦地望着公主那湛蓝的眸子。现在，他仍然掩饰不了内心的惊喜。他就是她的王子，当然没有什么能比这个更激动人心的了。他无比愉快，不是因为自己的地位提高了，而是因为他能够和公主走到一起了。是啊，只要能与她相伴终生，即使穷困潦倒也是值得的。

“不，应该是‘我们’终于梦想成真了，菲尔斯伦王子。”公主俏皮地纠正道。

王子听到他的名字，不觉一怔，随即摇摇头：“从前你一直叫我维多夫伯爵，现在也应当称呼我维多夫王子才对呀。”

接着，他们相互立下爱的誓言。此时，天上的云彩散开了，太阳放射出一道神圣的光芒，照耀在这对新人身上。白鸽在天空中高高地翱翔，它的身后，一道彩虹宛如绸带，蜿蜒飘浮于天际，保佑这对新人白头偕老，祈愿这两个国家长久和平。

一个小女孩，穿着她最好看的衣裳，跑到微笑的公主面前，献上一大束鲜花。索菲娅公主感激地接过礼物，弯下腰，在小女孩柔嫩红润的脸颊上轻轻一吻。小女孩高兴极了，蹦蹦跳跳地回到她父亲的身边。泪水默默地从她父亲饱经沧桑的脸上流下来。索菲娅将她的爱，毫无保留地播撒到每个人的心里，甚至一个穷人家的孩子也能感受到她的温暖。

这可不仅仅是一篇关于英雄冒险的故事，更是一则讲述爱与宽容的寓言。那些给予仁慈的人，那些得到谅解的人，他们最终收获了同样的礼物——幸福。承认错误，并表示忏悔，然后改正自己的行为，你仍然是好样的。所以请给予他人一个宽容的拥抱吧！因为理解可以让世界变得更加美好，让所有的人都体会到幸福人生的真谛。

希望之风

1

在茂密的常青树和高大的樟树下，一条尘土飞扬的小径，通向一片有着无名英雄和未知奥秘的国土。这里芳草萋萋，但村庄稀少。这里很少下雨，阳光亦不充足。在多云的天气里，太阳总是试图冲破云层，但始终不能如愿。这片土地就是米特利斯塔，统治这个国度的是一位亲切而又正直的君主。尽管米特利斯塔人迹罕至，但这里仍然是冒险传说的聚集地。现在，我们的故事又将拉开序幕。

夕阳渐渐退到了怪石嶙峋的山后，两位疲惫的行路人骑着马一路走来。白马上坐着一位男士，他身边的女子则骑着一匹黑马。即使相距甚远，无法看清他们的外貌特征，还是能感到他们周身散发出的高贵气质，优秀的艺术家能很轻松地描述这种气质。当他们距目的地越来越近时，能听到下面的对话。

“我的天哪，这真是一段漫长的旅程！”女孩感叹道，她的声音美妙动听，世间少有。

“应该不远了。”她的同伴回答说。

“我真高兴。”她感慨，“梦想成真了。”

“我更是兴高采烈呢。”男士笑着说。

随着马蹄声继续响起，女孩唱起了赞颂爱与和平的歌谣，歌声充满了诺可塞利亚的特有风情，令人不禁想起了那些欢乐时光。过了一会儿，一个巨大建筑物的模糊轮廓映入眼帘。

男子指着前方："看，就在那儿！"

女孩长长地出了一口气，然后笑了。住在一个完全不同的国度，开始全新的生活，这多么令人期待啊。小精灵们紧紧跟在他们的身后，不过他们不曾察觉到。小东西们眨巴着闪亮的眼睛，小心地打量着两位路人，目光里充满好奇。与平常不同的是，它们对眼前这两个陌生来客并不害怕，因为它们的直觉告诉自己，这两人并无恶意。

2

米特利斯塔的城堡里是一派忙碌而兴奋的景象。侍从们为新婚夫妇的到来做好了一切准备。侍女们也在做最后一次的清理，确保宫殿内一尘不染。由于匆忙，她们常常不小心撞到对方，致使一些东西落下来，不得不重新清扫。即便如此，她们也只是咯咯一笑，毫无怨言。

"啊，儿子，欢迎你回来！"一位尊贵的男士亲切接见了骑在白马上的年轻男子。

"就是这里，我们终于到达了目的地。"年轻人说着，将手伸向他的同伴。

"这儿有些灰尘。"国王指着他的右侧位置吩咐侍女。

"父王，您不必担心，索菲娅公主不介意这些的。"年轻人朝那位迷人的女孩眨眨眼。

"当然！我一点也不介意，维多夫王子。"公主回答道。

"这就是我的救命恩人——索菲娅公主！"国王一边向众人

介绍，一边张开双臂，公主也优雅地伸出双臂，接受了这热情的拥抱。

“凯西亚国王，其实救您的是我的魔法礼物。”她坦诚地回答。所谓的魔法礼物，就是一颗五彩斑斓的钻石戒指和一只白鸽，这两件礼物是她一位特别的朋友——一位可以预知未来的祭司多恩赠送的。这礼物可不简单，只要公主需要帮助，白鸽便能发出魔力，变幻出强大的卫兵；戒指会释放热量，指引公主行动。

这对爱侣新婚燕尔。就在几天前，索菲娅公主战胜了凯西亚国王那邪恶的弟弟，将被缚的国王从死亡线上拉回，国王公布了维多夫王子的王室身份。

夜晚，王子全家坐在一起，互诉多年的思念之情，直至深夜。直到公主与王子眼皮发重，不停地打着呵欠，他们俩才回到卧室歇息。这对爱侣说完他们的悄悄话后，便沉沉入睡了。宁静安详的夜幕降临，万籁俱寂。夜空中，无数星星犹如闪闪发光的珠宝，围着皎洁的明月，柔和温润的月光照亮了漆黑的天幕。

3

第二天清晨，阳光轻吻索菲娅秀丽的眉黛，她醒了过来。今天的阳光不是很强烈，但比往常要明媚一些。鸟儿唱着充满活力的歌曲，飞来飞去，似乎在享受舞蹈的乐趣。它们的羽毛在阳光的照耀下，发出柔和的光泽。

这对新婚夫妇携手登上蜿蜒曲折的楼梯，凯西亚国王已在楼上等候。他微笑着，热情欢迎他们的到来，目光慈爱地注视着自己的孩子们。侍从们呈上早餐，乐师开始演奏动听的乐曲，艺人耍起杂技。索菲娅公主忍不住也加入到演唱者的队伍中，美妙的歌声从她的口中飘出，打动了在场的所有人。他们放松地靠在椅子上，看着这美丽的女孩，听着那银铃般的声音，享受着珍贵的时光。

忽然，大殿的门一下子打开了，一个高个瘦长的人走了进来，音乐戛然而止，大家转头望向这个新来的人。他有着漂亮的头发，眼睛也是纯正的蓝色，可惜太小了。

“噢，对了，孩子，这是你的弟弟，格尔斯敦王子。”国王介绍着他的小儿子。

“很高兴见到你。”格尔斯敦说着，吻了吻索菲娅公主修长白嫩的手。见到美丽的公主，他的眼中闪过一丝微弱的光。格尔斯敦王子平时少言寡语，谨慎小心，很少有人能揣摩到他的心思，但是看到眼前的公主，这位极其冷酷的人，也因惊喜而身体颤抖了一下。她那金色的卷发高高盘起，用丝带挽成一个发髻，一小簇刘海垂下，很好地衬托了她的前额及那柔嫩娇美的脸颊。她那蓝宝石般的眼睛令人陶醉，红润的樱唇闪现出的微笑感染了无数的人，甚至那些很少露出笑容的人。格尔斯敦王子便是其中之一。

“见到您真高兴。”她害羞地说。

两位兄弟相互行礼致意，但显得极不自然，好在一举一动都相当礼貌。

“我刚才去接见一个使团，所以缺席了，看来我错过精彩的内容了！”格尔斯敦王子坐下，幽幽说道。

于是，在索菲娅公主和其他人的讲述下，格尔斯敦王子了解了事情的全部。他饶有兴趣地听着这个真实的故事，每个字都令他的内心掀起轩然大波，但是恐怕只有最敏锐的目光，才能察觉到他冷峻的面部表情不自觉地发生的一些极其细微的变化。

4

晚上，格尔斯敦王子独自待在房间里，回想着索菲娅公主说过的话。“一位失而复得的王子，难以置信啊！又一名王位继承人，而且比我年长。我还以为只有那个老糊涂就够了呢！”

他想着想着，竟高声说了出来，话语中饱含着酸味。为了让自己狂跳的心平静下来，他只得不停地踱来踱去。“我必须想个办法。”他自言自语。

蓦地，他的眼睛贼光一闪，嘴角露出一丝不易觉察的狞笑。终于心生一计了！直到所有的人都熟睡了，进入了安详的梦乡，格尔斯敦王子还在忙于他的计划。最后，他那颗烦恼的心渐渐归于平静，总算可以合上他那双疲劳的小眼睛暂时休息了。

漆黑的夜空中，群星如宝石般闪烁着和谐之光，但也似乎预示着一场力量的争斗即将开始。猫头鹰不祥的叫声传得很远很远，地上的夜行动物们也慢慢潜入草丛与树林深处，最后消失在浓浓的夜色里。

5

伴着深厚的爱意，索菲娅公主和维多夫王子这对爱侣快乐地度过每一天。周围没人的时候，他们俩经常深情地彼此凝望。虽然身份显赫，可他们毫无王室的架子。因此无论是谁，只要与他们见上一面，便能成为他们的新朋友。每个人都很喜欢与公主小叙一番，甚至侍女们也加入到谈话中来。毫无疑问，索菲娅公主成了城堡中的亮点，不论何时何地，赞许的目光都聚焦在她的身上。

一天，维多夫王子奔进卧室，喊着：“亲爱的，我将要去学习射箭啦！”看到他这样高兴，公主便向他仔细地询问了一遍，了解了事情的原委。他即将学习射箭之术，而箭术娴熟的格尔斯敦王子就是他的指导老师。索菲娅公主不由得有些紧张，但看到丈夫那单纯、天真的神态，她还是微笑着祝愿维多夫王子能够学有所成。末了，还幽默地叮嘱道：“注意箭射出的位置哦，小心别射中了侍女，那可是天大的丑闻咯。”

“噢，知道啦！”王子温柔一笑，“我会很小心的。”说完，他再次向妻子认真地保证了一遍。

尽管如此，维多夫王子还是觉察到公主那甜美的笑容中隐隐带着一丝担忧，于是他问道：“怎么了，亲爱的？是什么让你不快乐？”

“我想应该是思念父亲了吧。”索菲娅公主说着，无限渴望地眺望着南方，朝着她的故土诺可塞利亚的方向看去。

“那么明天就去看看他吧。”维多夫王子温柔地建议道。

“你也一起去吗？”

“抱歉，宝贝。明天可是很重要的一堂射箭课呢。”

公主表示理解，便决定独自回去。这对交谈中的恩爱夫妻，丝毫没有注意到外面的自然风景已经发生了微妙的变化。窗台边的鸟儿狂躁地高声叫着，有的还跳来跳去，似乎在向他们发出警示的信息。别看它们只是小动物，它们那灵敏的感觉可从没出过错哦。精灵们也纷纷用自己的方式提醒着他们，可惜没有用。毫无疑问，它们没有选择的余地，只能乞求万能的造物主守护公主和王子。它们是如此喜欢这对爱侣，以至不愿他们受到半点伤害。

到了晚上，一切再次陷入寂静之中。夜空中没有月亮，只

有几颗孤星零落其间，黯淡的光飘忽闪烁。高大的城堡周围，草木随着狂风不停地摇晃着，涌起的阴云预示着一场暴风雨即将来临，天上的神灵们似乎也在发出警告。然而，一切未能如愿。夜色张开了大网，在这沉闷的气氛下，肉食者伴着午夜诡异的旋律，展开了黑暗中的猎杀。

6

早晨，索菲娅公主在爱人的陪伴下来到城堡外。天公似乎不作美，乌云笼罩，狂风将落叶高高地卷起，吹往无垠的天际。想到马上就能与父亲弗拉申国王见面了，公主心里还是充满了喜悦之情。尽管事实上她与父亲分别只有短短一个月，可对她来说，就像过去了一年之久。但一丝不安总是萦绕在心头，挥之不去。究竟是哪里不对劲呢？一直以来，她都凭借着勇气，战胜了无数的艰难险阻，甚至是那些耸人听闻的危难，她也敢去面对，今天又是怎么了？

临别之际，两人相互亲吻道别，依依不舍。看着索菲娅公主骑上马，王子挥挥手。“好好享受射箭的乐趣吧，但要小心哦！”公主回头叮嘱道。

“我一定会的，不过很抱歉不能和你一起回去看父王了，代我向他老人家问好！”维多夫王子目送妻子策马奔驰而去，直至她的身影消失在视线里。

下午，两位王子在一处开阔的草地上见面了。他们相约在这里练习射箭，箭靶就挂在距离他们不远的树干上。

“看我的。”格尔斯敦王子说着，取箭引弓，“嗖”的一声正中靶心。毫不夸张地说，不论是谁，只要看到他这架势，就可以断定他是个箭术高手。

经过一段时间的指导，维多夫已完全掌握了方法，能够轻松地射箭了，箭术在不断地提高。随着中靶率的升高，他的兴趣也在不断增长，相信不久就可以和弟弟一较高下。

“好样的。”格尔斯敦王子赞许道，他对这位兄长的好学上进与神速的进步甚感惊奇，于是又要求道：“我们以后每天下午都在这儿练习吧。对了，下个星期将有一场大型狩猎比赛，不要错过这次难得的机会哦。”

听到弟弟的鼓励，维多夫王子很兴奋，他热情地握住格尔斯敦王子的手，感谢他的耐心指导。此时，林中狂风更加猛烈，他们不得不提前离开。树木被大风刮得左右摇晃，伴着悚然的呼啸声，投下纷乱晃动的阴影。如果这时有谁仔细地聆听风声，就会发现它好似在发出什么信号。树干上的箭靶，犹如一只巨大的眼睛，看着两兄弟越走越远，直到他们的身影消失在远方。

7

“父王，父王！”索菲娅公主一进入大厅，就喊了起来。孤独的弗拉申国王正在观看艺人们表演节目，鹦鹉罗里可斯可怜巴巴地待在他的肩头。听到这清脆悦耳的嗓音，他们都吃了一惊。父女俩紧紧地拥抱在一起，欢乐与激动的泪水顺着弗拉申国王的脸颊流了下来，而罗里可斯则调皮地叫着：“欢迎回来！欢迎回来！”待情绪稍微平静一点，国王便急不可耐地把在胸中郁积了很久的问题提了出来，比如新的生活是否适应等。

“每样事物都很新奇，那里和我们这儿不一样，但还是处处充满着安宁祥和、鸟语花香。在那里生活，感觉每一天都是新的开始呢。”公主笑着说。她还向父亲提到了格尔斯敦王子及箭术练习。尽管是维多夫王子之弟，但听到女儿将此人比作一棵枯瘦的树时，弗拉中国王被逗乐了。

“可不知为什么，我总觉得很焦虑。”公主解释道。

国王想了想，便建议女儿去听听多恩的意见：“或许多恩祭司能为你带来上帝的指引。”

带着最好的希望，索菲娅公主整装出发，向先知者的屋舍走去。

8

“亲爱的孩子，快进来吧。我准备了茶点等你。”多恩带着亲切的笑容，欢迎索菲娅公主的到来。通过敞开的门，可以看出这是一间宽敞的居室，温暖而舒适。

“噢，我早就该料到了！”公主开心地笑了。

“我也早就料到你心里在想些什么，孩子。”

索菲娅公主坐下，让多恩继续说。多恩异常严肃的表情，说明可能不会有什么好事情发生。“王权危在旦夕啊！我从摇摆不定的树木中，看到了一丝不和谐的音符。”多恩的话语，令周围的空气蒙上了一层神秘色彩。说完，她递给公主一枚色彩斑斓的贝壳，并告诉她这枚贝壳可以帮上点忙。

公主明白，再问下去恐怕也是枉然。是的，无论前方出现什么样的艰难险阻，她都会一次又一次地去面对，去挑战，这一次也不例外。她从心底坚信她会成功。想到这里，索菲娅公主的眼中绽放出坚毅的光芒，她谢过祭司多恩，便立刻回家做准备。

“多么勇敢坚定的孩子呀。”多恩望着公主的背影，喃喃自语。这时，一只小松鼠窜到她的肩头。多恩轻轻地拍了拍那快乐的小脑袋。“她会成功的。”预言家无比肯定地说道，“上帝始终护佑着心灵纯洁的人。”小松鼠也微微点头，表示赞同。

9

红日还未升上诺可塞利亚的地平线，索菲娅公主就醒来了，准备离开她熟悉的地方。她的眼里噙满泪水，和父亲道过别，拿着具有未知力量的贝壳出发了。虽然是自作主张，但国王还是同意了，并让她带上那匹纯黑的骏马。

穿过片片茂密的树林，趟过荒无人烟的草地，到达米特利斯塔的时候，一整天已经过去了，但她始终没有休息，因为她知道时间非常紧迫。骑在奔驰的马上，她无心欣赏美丽的风景。五颜六色的蝴蝶与飞鸟，伴着轻柔的白云，在蓝天上自由飞舞。阳光撒在奇形怪状的岩石上，折射出明亮的光泽。此时，她的左前方出现了一只雌鹿，好似在带领着她避开野兽们饥饿的肚子，走更安全的路。

与此同时，维多夫王子与格尔斯敦王子正为明天的比赛进行最后的练习，凯西亚国王届时也将亲临赛场。每个人都怀着兴奋的心情，等待明天钟声敲响的那一刻。维多夫王子的箭术已经取得了很大的进步，但谁也不敢轻视擅长射箭的格尔斯敦王子。“明天的比赛准备好了吗?”格尔斯敦王子问道。“差不多了。”维多夫回答道。看着兄长渐渐走远，格尔斯敦王子露出狐狸般狡黠的微笑，清瘦的手指摸摸自己的下巴。一切都在按照他的计划发展，不是么？一只蝴蝶瞅见了他邪恶阴暗的脸，赶忙飞走了。但愿上帝能护佑善良，惩治邪恶。

10

第二天很快来临了。这天乌云蔽日，天气不佳，给人阴沉灰暗的感觉。不过这么说似乎也不特别恰当。天空灰蒙蒙的，看不见一丝阳光，整个太阳几乎都被险恶的云层完全遮挡住了，天空看上去仿佛随时都会哭泣。然而，时间一分一分地过去了，还是没有一颗雨点落下来。周围死一般的寂静，鸟儿们不知到哪儿去了，听不到往常的鸣叫，即便是竖起耳朵，也难以感受到那宛转的啁啾之声，只有一些无法辨认的怪异声音。

米特利斯塔所有知名的射手都涌至宫殿的正门。他们身着崭新的戎装，手持金光闪闪的长弓，背着最好的箭，每一支都有锋利的箭头，箭尾还装饰了珍稀的羽毛。他们将要去猎杀野猪，身手最干净利落的人就是赢家，奖品是一包由凯西亚国王亲手颁发的黄金。许多竞争者都窥伺着那包黄金，但更多的人则为荣誉而战，为心中的那份自豪而努力拼搏。

比赛即将开始，此时索菲娅公主正快马加鞭赶往目的地。她感到比赛时间快要到了。终于到达了赛场，公主拿着贝壳，迫不及待地跳下马，并迅速将马拴好。她根本不知道这枚贝壳究竟能发挥多大作用，只是把它紧紧地攥在手里。就像过去那样，她明白自己应当聆听内心的声音，凭着自己的直觉去做。

公主来到一片田野里，人们都聚集在这儿，等待狩猎比赛的开始。她小心翼翼地沿着巨大的石头向前走去，以防被发现。她很快接近了人群，一眼便看到了站在前面的维多夫王子，他正全神贯注地瞄准，丝毫不曾注意到树后藏匿的危险。公主悄悄地、一步步地靠近赛场。与此同时，另一双不怀好意的眼睛也在盯着专心准备的王子。

突然，公主眼角的余光瞥到了什么，立即引起了她的注意：一个人蹑手蹑脚地走到她的爱人身后，摆出引弓的姿势。索菲娅无暇多想，连忙悄悄而迅速地来到维多夫王子的前方，幸好没有引起任何人的注意。正当那个人准备最后松开弓弦时，索菲娅公主不假思索地举起手中的贝壳。离弦的箭飞向维多夫王子，但就在同时，贝壳发出一阵风，将箭头吹离了原来的方向，王子毫发无伤。紧接着，公主的魔戒发出一道耀眼的光，不可思议地烧毁了那个暗杀者的弓箭，不过他本人倒没有受伤。

这一切就发生在眨眼间，两位王子都没有反应过来。维多夫王子看到突然出现的光芒，大为惊讶，险些失足摔倒，对于刚才在鬼门关绕了一圈毫不知情。至于恶毒的格尔斯敦王子，更是惊愕得几乎掉了下巴，就差喊出“我的妈呀”，虽然他的妈早就亡故了。

这些奇异的现象似乎还没有终止。此时白鸽忽地凌空而起，绕着阴谋者不停地盘旋，一片片羽毛落向地面。羽毛一接触潮湿的地面，便立刻变幻成手持闪亮长剑的高贵骑士。不一会儿，预谋暗杀者就被擒住了。

谁也不知道此时林中的小生灵们都为胜利而欣喜万分。甚至是刚才差点死于维多夫王子箭下的野猪也感激地祈祷，不是因为自己得以幸存，而是因为王子逃脱了可怕的魔掌。如果可以的话，它随时准备冲出来，为王子牺牲性命。这样做当然是值得的，因为它们都珍爱着这位善良的王子啊！对于它们来说，这真是个激动人心的时刻。

11

“不可思议！”众人纷纷议论着刚才的情景。“这不可能！”暗杀者叫喊道，他不相信他的精心布局会失败。人们不停地称赞着机敏的索菲娅公主，这一次她救了维多夫王子。面对大家的赞美，公主优雅地摇摇头，坦诚地说：“我只是凭心中的感觉去做，多亏了朋友赠送的能召唤风的魔力贝壳，是它发挥了巨大的作用。”尽管来得匆忙，她的头发还是一丝不乱，整齐地盘着。

公主的话令在场的人无不为之感动。谁能想到这样一个看似柔弱的女孩，居然拥有骑士般的勇气。但凯西亚国王一点也不感到奇怪。在这之前他就曾遇险，幸好被这位美丽的天使所救。当然，在他心中，公主就是上帝派来的使者。死里逃生的王子与勇敢无畏的公主热情拥抱，乌黑的眼睛流露出难以言状的感激之情。

卫兵们来到现场，逮捕了预谋暗杀者。凯西亚国王静静地避开，但还是忍不住看了格尔斯敦王子一眼。“你不能处死我，我是王子，你不可以处死我！”格尔斯敦王子辩护道，他那蓝色的眼睛暗淡下来，眼睛里满是胆小与卑怯。

人们似乎忘了奖品和狩猎的事，没有人再提起那包金子，也没有哪位射手带走他的猎物，人群就这样静悄悄地散了。

一阵风朝公主吹过来，这时候，公主手中的贝壳转动了风向，将风口对着高高的云端，渐渐吹散了乌云，露出了久违的阳光。

多恩的精灵朋友，一只小松鼠，将消息带到了诺可塞利亚。得知结果是这样的令人欣慰，多恩满意地笑了。她与小动物们一起庆祝胜利。不用担心，她可是一位动物语言专家。弗拉申国王倒是有些紧张，但他还是始终相信他的女儿。是啊，她一直都拥有上帝的保护。一旦有了爱的守护，就有了无穷的力量。

接下来的一章里，未知的传奇故事还将继续。记住，魔法的力量是不可战胜的，而仁慈善良的力量更是所向无敌。

真假公主

1

清晨的天空，万里无云。和煦的微风调皮地吹着口哨，鲜花也随之摆动身姿，翩翩起舞。春天新生的嫩芽开始走向丰满与成熟，树木也茁壮成长。在米特利斯塔这片树林茂密、原野辽阔的土地上，传奇故事再次传开。

晴朗的蓝天上，一支利箭自高高的空中笔直跃过，最后飞向地上的一只野猪，手法相当完美！只见箭头一下子射中野猪的心脏部位，伤口却微小难辨。少许的血缓缓流出，滴落在草地上，将那片碧绿染上一抹暗红。鸟儿们用它们柔和婉转的歌声为这只野猪祈祷，祈祷它的灵魂离开身体后能平安地到达天堂。

此时，一阵轻轻的脚步声从远处传来，看样子捕猎者正朝着他们的猎物走过来。

“哇，快瞧！我捕到了一头大的呢。”说话者的嗓音与众不同。

这位年轻的男士加快步伐来到他的猎物旁边，弯下腰，从那尚有余温的猎物身上拔出箭。无论是谁，只要看到这位英俊潇洒的年轻人，就可以肯定他身份不凡、品质卓越。他那双乌黑的眼睛闪着温柔的光。他俯身仔细丈量猎物的尺寸时，身后响起轻盈、灵巧的脚步声。

“可怜的小家伙。”一个美丽的女孩说道，她有着世间最美妙动听的嗓音。

“是啊，但它将成为晚宴上一道佳肴哦。好了，我们回城堡吧！”

女孩点点头，于是他俩带着猎物一起回去了。尽管已将近中午，慵懒的太阳还是没有完全迸发出热情的活力，它懒洋洋地爬上那碧蓝的天幕，将温和的光芒撒满大地。

2

巨大的城堡内，所有的人都在为接下来这桩尚未公开的大事而忙碌着，每个人皆兴奋而激动。侍女们急匆匆地跑进跑出，仔细检查每个角落，以确保每件东西都已妥当放好，甚至连最不起眼处也是一尘不染。他们可对国王相当了解哦，他那锐利的双眼绝不会放过哪怕是最微小的疏忽。今天他们干得格外卖力，希望国王更加满意。当然，国内人民都深知国王的温和大度与慷慨无私，除了有时开个玩笑，他很少挑剔别人。

“真是不可思议！辛苦你了，儿子，没想到你准备了如此美味的野猪肉，我都快流口水了。”凯西亚国王高声说着。

“千万别这么说，父王。这很容易的，你说是不是啊，索菲娅？”

公主点了点头，圆润的樱唇送出一个自然的微笑。“维多夫王子的箭术在国内可是赫赫有名，这点人人都知道的。”公主的话倒不假。但就在一年以前，他还仅是个初学者。那时候，他向弟弟格尔斯敦王子，当时最强的射手，学习箭道。然而格尔斯敦王子传授他箭术的真正目的，是谋杀自己的兄长。那个阴谋几乎就要得逞时，幸好勇敢的公主及时赶到，在格尔斯敦王子的利箭射向维多夫王子之际，公主救了她的丈夫。罪行败露的格尔斯敦王子也被法庭公正地判处死刑。

餐桌上放着一封信，信上写有如下字样：

“诚邀米特利斯塔全体国民及友好邻邦前来参加凯西亚国王 50 岁生日的庆典。”

3

这是个漆黑阴森、狂风呼啸的夜晚，阵阵疾风骤雨掀起层层声浪，好像幽灵在痛苦地哭泣。树木猛烈地左右摇晃，长长的树枝仿佛根根枯爪，拼命在稀薄的空气中乱抓，似乎试图抓到一个安全的东西，以躲避这狂风暴雨。疲惫的行人们想穿过这片土地到达他们的目的地，不料就在这儿遭遇了暴风雨，因此他们不得不找个避难所，以便留宿一晚。

一间烛光昏暗的小屋内飘来一缕歌声，这歌声犹如淡淡的青烟，缥缈悠长。尽管不是很难听，但也并非十分悦耳。唱歌的人是一位黑发女子，她有着光洁美丽的皮肤与一双浅灰色的眼眸。这座暴风雨中的岛屿叫佐那岛，黑发女子是岛上的巫女。她的歌声中充满了对爱永无止境的追寻，她的脸上写满了忧郁和愁苦。

“漫漫旅途兮吾去矣，
翩翩君子兮苦探寻。
疾风骤雨兮可比拟，
伊作凤鸟兮吾为凰。
眼若夜空兮发如星，
燃烧枯萎兮化为烬。

君子如是兮当属吾，
魔力魅力兮助吾行。”

黑发女子名叫欧奈儿。岛上稀疏的村落中，没有人敢对她看上一眼，甚至提到她的名字时，人们都畏缩不言。虽然欧奈儿从外表上看是个漂亮姑娘，但她的内心就像寒冬时节挂在枝头的冰凌一样坚硬冷酷。巫女欧奈儿的法术很强大，不过她从不用这法术做善事。因此，她的魔力只是局限于将物体改变为她所希望的形状。一直以来，欧奈儿总是做些清晰的噩梦，不过她从不理会这些，尽管奇怪的是这些梦境似乎模糊地预示着未来。欧奈儿的自傲不允许她相信这些梦，因为她觉得她的力量超过梦中出现的所有厉害人物。

外面的狂风暴雨已达极致，欧奈儿决定到村庄里走走。她喜欢置身于黑暗之中，因为她认为黑暗也是一种美。她悠然地走过几幢房屋，忽然看到一家房门上有东西在风中不停飘动。她好奇地走近，发现是一封凯西亚国王的邀请函。“啊！他们都应邀参加晚宴，看来我得马上出发了。”深知自己不在邀请之列，但她还是要去。佐那岛方圆不过数英里，但与米特利斯塔相距遥远，通常一位旅行者需花上好几天的时间才能到达。不过凭借她的力量，欧奈儿完全可以赶上国王的庆典。

黑发巫女闭上眼睛，念着一段咒语：“天涯之风雨，海角之雷雹，听吾之召唤，送吾至宴会。”

4

不知不觉中，时间已飞速流逝，距离国王的生日宴会只有几分钟了。侍女们像往常一样，对每个角落进行仔细检查，确保没有留下一点灰尘或污点。检查完毕后，她们满意地舒了口气，接着退到一旁，静静地等待着宴会的开始。

成千上万的人涌向宫殿，他们来自不同的阶层和家庭，但为了庆贺国王的生日，大家都聚集到了一起。先生们衣着考究，女士们戴着帽子，帽子上插着长长的羽毛，富人们还在礼服上饰以花边与珍珠。不过，无论这些宾客今天打扮得多么光彩照人，和高贵的索菲娅公主相比，还是相距甚远。她那波浪般的金色长发盘于头顶，再挽以金光闪闪的丝带，一小簇刘海松散自然地垂下来，明眸如蓝宝石般闪着明亮的光泽。索菲娅今天穿了一件海蓝的丝绒长裙，身材显得十分玲珑窈窕。

凯西亚国王庄重威严，目光炯炯有神。维多夫王子身着黑色的披风，风度翩翩。他们欣赏着大厅的欢歌笑语，这实在是个珍贵难得的时刻。

欧奈儿来到参加宴会的人群中，她一边慢慢走，一边到处打量着。她身披一袭黑色的长袍，乌黑的面纱半遮着她那苍白的脸，不停地四面环顾。毫无疑问，欧奈儿在寻觅着自己的意中人。

宾客们在富丽堂皇的城堡里享受着愉快的时光。艺人们演奏着美妙动听的音乐，表演着拿手绝技。舞会大厅中央那光洁的大理石地面反射出人们欢乐的脸庞，绅士小姐们成双结对在大厅里翩翩起舞。公主与王子也手挽手，走到舞动的人群中。先生们纷纷过来，轻拍维多夫王子的肩膀，请求与他美丽迷人的妻子共舞一曲。尽管王子心里不舍，可还是优雅一笑，大方地答应了他们的要求。

当然，巫女欧奈儿没有舞伴。所有的人都忽略了她的存在，有的人觉得一靠近她，就浑身不自在，不过她倒是一直在寻找自己的舞伴。忽然，她的眼前一亮。那是个英俊挺拔、气宇轩昂的男士，在此之前她从未见过如此俊美的男子。就在她准备走上前去时，一个甜美的声音喊住了他，那个男子随即转身离开了。

“那个女人一定是他的妻子！”看着索菲娅公主与维多夫王子继续跳舞，欧奈儿轻蔑地想。“别担心，我自有办法。”她向自己承诺道。

5

清晨，在鸟儿明快的歌声中，新的一天来临了。虽然大多数的天气里，米特利斯塔都不是阳光灿烂，但这天的天气，较之往常，显得格外晴朗。几天以前还是翠绿的叶子，如今一下子变得金黄了，似乎即将枯萎凋谢。公主站在阳台上，看着眼前的一切，不由得叹了口气。

“怎么了？”看到她的表情，维多夫王子问道。

她没有说话，只是指了指枯叶和天空。王子点点头。的确，今天的天气如此不同寻常。“看上去冬天将要来临了。对了，今年冬天我要在雪地里好好玩一场。你会让我去的，对吧？”维多夫王子开玩笑道。想起去年冬天的经历，他忍不住笑了。那时候他第一次看到下雪，竟然兴奋得像个小孩子，为此索菲娅公主笑了他半天。

“过一会儿我要出去一下。我想出门看看外面的风景。”公主说道。她的眼睛里闪过一丝想要探险的神色。

早餐后，凯西亚国王提议下盘棋。

“您和王子先下吧。我出去散散步，好吗？”索菲娅问道。

“哦，好的。那样的话我就有机会赢了。”国王和蔼地笑道。谁都知道，与索菲娅公主对弈是很有挑战性的，因为很少有人能赢过她。

索菲娅信步走在一条满是落叶和尘土的小径上,小径通向一片树木高大的森林,不过叫它"树丛"似乎更合适。一路上她低声唱着歌。小动物们专注地聆听着这美妙的歌声,忘记了周围的一切。

公主弯下腰,采摘地上的鲜花。突然,一只手捂住了她的嘴,紧接着有人缚住了她的双手。这场秘密的袭击突如其来,她甚至来不及反应,便被抓住了。由于眼睛被蒙上了,她感觉自己在飘浮。是的,她在半空中飘荡,因为她没有感觉到有手在托举着她。几分钟以后,索菲娅感到自己落在了硬邦邦的地面上,随后有厚重的门被关上的声音。绑在她手上的绳子脱落了,接着蒙眼的布也掉了下来。

昏暗中她渐渐辨认出周围的事物:房间的角落里摆着一个稻草坐垫,床脚边放着一碗水,高高的天花板,巨大的铁门牢牢地锁上了,右边墙上有一扇带有栅栏的小窗户,窗外透进来的微弱光线成了屋子里唯一的光源。索菲娅公主陷入了极度的迷惑之中。"谁会把我带到这儿呢?这个荒凉的地方是哪里啊?谁又拥有如此强大的魔力?"她反复思索着,想找出答案,但她没有害怕。她知道自己一定能找到出去的办法,不论多么凶狠恶毒之人,他们都将受到正义的审判,她坚信。但是现在,除非她拿到她的魔法礼物,否则是无法立刻离开这儿的。这些礼物是公主的特别之友,一位名叫多恩的祭司,在公主17岁生日那天送给她的。这位祭司可以提前知晓将会发生的事情。这两件礼物,一个是一枚彩色的钻戒,另一个是只白鸽。在它们的帮助下,公主多次救了她的亲人。现在,她自己的生命陷入了危险之中,谁又能救她呢?

6

从早晨到下午，国王和王子都在棋盘上激烈地较量着，可一直没分出胜负。

“看来，我们至少得再下一盘了，要不索菲娅回来时，比分还是零比零啊。”凯西亚国王开玩笑道。

“可是您发现了吗？她还没回来呢。平常她早就回来了啊。”王子语音刚落，宫殿的门打开了，索菲娅公主走了进来。

“我回来了，亲爱的王子！”她喊道。

“噢，太好了，刚才我还在担心你呢。”维多夫说着张开双肩，温柔地拥抱公主，公主则深深地依偎在他的怀抱中。凯西亚国王邀请她下盘棋，但她马上挥挥手，一句话也没说就转身而去。

7

晚上，维多夫王子与索菲娅公主在窗前凝望着天上的星星。房间的窗户是落地式的，装着光滑晶莹的玻璃，上面挂着镶有滚边的刺绣窗帘，显得华丽而别致。然而，他俩只是闲聊了几句看星星的感受，就再也没什么说的了，公主转身走向她的梳妆台。尽管维多夫王子觉得索菲娅有点不对劲，但他并没有多问。他想很可能是公主今天在外散步的时间太长，累着了吧。

索菲娅公主在抽屉里翻来拣去，东瞧瞧西看看，但是没有一件东西令她感兴趣。忽然，她的目光停在一枚戒指上。这是一枚罕见的戒指，金色的指环上镶嵌着一颗璀璨夺目的彩色钻石，上面还雕刻着精美的花纹。她从未见过如此珍奇的戒指，于是就将它拿起来仔细欣赏。

“哎哟！”公主突然大叫一声，戒指随即掉在地上，可是掉在地上的戒指没有丝毫损坏，甚至连一条裂纹也看不到。

维多夫王子万分诧异，忙问她怎么了。“只是有点烫而已，没事的。”公主耸耸瘦削的肩膀说道。

王子将戒指从地上捡起来，放在桌子上，奇怪的是他并没有感到什么热量。王子很担心索菲娅的身体，就劝她早点休息，公主点点头，便睡下了。她没有像往常那样做睡前祷告，而这恰恰是她多年来的习惯，有时她甚至用很长的时间来祈祷呢。维多夫又转念一想：也许是她太疲惫了，不能做祷告。想到这里，他打消了疑虑。接着，他转身走到窗台边，将窗户开得更大些，独自站在窗前，欣赏着宁静的夜景。今晚的夜色是迷人的。群星如宝石般闪烁着，将光芒撒向大地，为人们带来安详与幸福。树影踏着微风的节奏，缓缓地晃动着身姿。最后，王子也感到一阵困乏，他上床躺下，浓黑的睫毛轻轻垂下，恬静而平和地睡着了。

皎洁的月光轻柔地笼罩着平静的山谷。然而，这所有的一切都是表面现象，只有当万物熟睡之际，大地才会真正地平静下来，而此时的风中好像带着一阵纷扰。树木发出哀鸣，如果仔细聆听，就会发觉其中似乎蕴含着求救的信息。

蓦地，一个小白点出现在黑色天鹅绒般的夜空中，它渐渐靠近这对伴侣房间的窗户，悄悄地飞进房间，落在梳妆台上，然后用嘴衔住那个闪闪发光的戒指，迅速飞出窗外，高高地翱翔于夜空中，如闪电般，一会儿便不见踪影。

8

正当公主在维多夫王子身边渐渐进入梦乡时，伴随着他们均匀的呼吸，一个精灵般的小东西朝着西边快速飞去。群星挂在天际，为黑夜带来了光明，黑暗的薄雾也慢慢退去了。

在一间布满灰尘的狭小密室内，真正的公主倚在床垫边，低头做着祷告。她默默地祈祷全知全能的上帝的护佑，脸上充满了感恩。她在心中一直默念着："上帝啊！感谢您始终庇护着我，感谢您赐予我和睦的家庭，请您同样也守护着我的家人，让他们不受伤害。"她也感谢上帝能够赐给自己土地以及财富，给予自己指引与支持。公主就这样祷告着，希望能找到一条出路，脱离这阴森幽暗的地方。她还希望家人不要太悲伤，但希望他们尽快出来寻找自己。可惜的是，公主的家人对她的突然失踪一点也没察觉，因为此时此刻，另一个公主正取代着她的位置。

正在这时，她听到窗外有点响声，于是踮起脚尖向外望去。眼前的景象令她大吃一惊，她不由自主地捂住嘴，眼睛睁得大大的，犹如月亮般皎洁明亮。只见窗外一个小白点正慢慢地向她这边飞来，随着它越来越近，小白点的身影也愈渐清晰。凭着那双敏锐的眼睛，公主立刻辨认出是她的那只神奇的鸽子。毫无疑问，上帝听到了她的祈祷，为陷入困境的她带来了援助。

白鸽衔着魔戒轻快地飞进密室内。索菲娅小心翼翼地拿过戒指，然后思考着出去的办法。她明白戒指是通过散发热量来指引方向的，而且可以发出一道光，击中并烧毁锁定的目标。渐渐地，手上的戒指开始发出微弱的光亮。过了一会儿，公主感到手指开始发热了。接着，魔戒将外面暗淡的月光反射到紧锁的大铁门上，一条耀眼的光束刹那间将铁门焚为灰烬。啊，索菲娅终于重获自由了！

公主轻轻推开沉重的大门，生怕不小心碰到铁链而弄出响声。她走出幽暗的小屋，回头望了望身后，然后悄悄登上曲折的楼梯，白鸽紧随其后。此时戒指的温度越来越高，她知道自己就要找到出去的路了。

猛然间，一阵喊叫声传来。不好，她的行动被人发现了。脚步声似乎就在身后不远处，看来唯一的办法就是继续向前跑。喊声渐渐清晰，这种情况下有人会被吓晕，不过我们的公主可不会这样。

“她在那儿，快追！”一个壮汉叫道。很明显，他们离她已经很近了，这时鸽子的羽毛一片片落下来。那洁白的羽毛一落地，便马上变幻着形状。渐渐地，一队威武的骑士出现在眼前。追捕者们见此情景，不禁目瞪口呆，半天一动不动。

战斗刚开始，骑士们就凭着精湛的剑术，击败了所有追杀公主的人。一些人落荒而逃，很快就不见了。

9

明媚的阳光透过窗户照进公主的卧室，鸟儿们伴着轻柔的微风，唱起了赞美的歌谣。

“啊，看哪，真是别有一番情趣呢，好像春天又回来了。”王子对索菲娅公主说。公主却一言不发。“怎么了？亲爱的！”维多夫王子再也忍不住内心的担忧，开口问道。

“没什么。”她淡淡地回答。一觉醒来，昨晚的梦境又浮现在眼前。她做了个极为奇异的梦，梦中有一只巨大的鸽子，头上戴着宝石的王冠。她从未对鸽子产生过什么兴趣，又怎么会做如此荒诞离奇的梦呢？“只不过又是个荒唐的梦罢了。”她暗自想着，于是藏起心中无名的恼火，转身紧紧偎依在王子怀中。

维多夫王子感到有些不自在，便提议下楼向凯西亚国王问早安。公主极不情愿地点点头。

“索菲娅，昨晚睡得好吗？”看到他们到来，国王亲切地问。

“还好。”她说完后，一声不响地转身离去。她的举止令凯西亚国王感到很奇怪也很担心，平时她可不是这样漫不经心地说话呀。

王室贵族们都陆续来到桌前就座。正在这时，大殿的门突然打开了，真正的公主冲了进来，白鸽在她的头顶上盘旋。

“她是假冒的！”公主指着那个坐在维多夫王子身边的女孩喊道。索菲娅公主一开口，就吃了一惊。她下意识地摸摸自己的喉咙。“我的声音怎么了？”她惊慌地想。她发出的声音，与以前完全不同，听上去简直是个陌生人。

“你是什么人？竟敢不宣而入！”王子生气地质问。

什么？她简直不敢相信自己的耳朵，于是拼命地解释，想揭穿欧奈儿的诡计。“我的王子，请你一定要相信我！她是假冒的，我才是真正的公主啊！昨天早晨，我独自散步时，被人劫持到一间密室里，好不容易才逃出来。”但王子只是用怀疑的目光盯着她。她说着说着，不禁啜泣起来，同时忍不住看了一眼旁边的镜子。这一看，索菲娅的心猛地一沉。原来欧奈儿对她施了咒语，将她们俩的形象给换了，难怪王子没能认出她。现在，公主的声音连同相貌都改变了，如何能让王子相信她呢？假冒的公主看着这一切，悄悄地露出一丝冷酷的笑容。

“她是个巫女！”索菲娅公主叫道，试图让维多夫王子相信她的话。

“哪里来的陌生女人，竟敢污蔑本公主！我从来都没有见过你，来人哪，把这个疯女人拖出去！”欧奈儿命令道。

然而维多夫王子心怀仁慈，他拦下卫兵，让他们先退下。“先听听她的解释吧！”王子说。假冒的公主怒气冲冲地站起来，走到索菲娅不远的地方。

索菲娅默默地向上帝祈祷着，然后摊开手掌，露出手中的戒指。一时间，窗外的阳光聚集到戒指上，形成一道明亮耀眼的光束，接着这道光束照在了假冒的公主身上，只见她发出痛苦的喊声，渐渐地，她的法术被解除了。黑暗的力量终究敌不过正义的光芒，在所有人惊异的目光下，索菲娅的面容慢慢发生着变化，最后恢复了往日的美貌，而欧奈儿则虚弱地倒在地上。在邪恶面前，善良与正义永远是赢家。

10

关于巫女邪恶的咒语与公主惊险的经历，在一片片土地上广泛流传。这是个阳光如夏日般明媚灿烂的日子，上千只飞舞的彩蝶为周围的空气增添了一份朝气和活力。鲜花尽情绽放，树上的花蕾也绽开了笑脸。蜂鸟在花丛中飞来飞去，品尝甘美的花蜜。

宫殿正门的广场上，欧奈儿站在绞刑架前，为她犯下的罪行接受审判。索菲娅公主向人们叙述整个事件的来龙去脉。当听到公主变成另一副模样时，在场的人都瞪大眼睛，专注地倾听着事情的发展。每个人都对巫女欧奈儿卑劣的行为憎恶不已，而佐那岛的国民们则松了口气，他们知道自己再也不用提心吊胆地躲避她了，佐那岛也将迎来久违的阳光。

现在，失去法力的欧奈儿陷入了绝望的境地，面对索菲娅公主的质问，她说道：“其实你是被锁在你自己的城堡里。我命令卫兵们看守你，并告诉他们你犯了罪，将被处死。他们全部都相信我，没有半点疑问，因为他们把我当成了真正的你。”欧奈儿说完，尚来不及

呼吸一下清新的空气，便被处以绞刑。看着她的尸体挂在绞刑架上随风荡悠悠，人们纷纷把头转开。

维多夫王子与索菲娅公主紧紧相拥了很长时间，凯西亚国王也走过来拥抱了公主，他们都感觉好像已经分离了很久一样。当维多夫王子提起那个假公主的奇怪举止时，他俩忍不住笑起来。是啊！恢复了原本的自己，能与亲爱的家人相守一生，这种感觉真好！

新的一天过去了，又一个故事结束了，但充满魔幻与神秘的旅行尚未结束，另一则传奇即将演绎。夕阳渐渐落入了地平线以下，大地静静地进入了熟睡之中，而宁静的山谷还在等待着下一个扣人心弦的历险。

生命之珠

1

一颗亮晶晶的小珠子慢慢地从云中落下来，悄无声息地降落在寒冷的地面上。由于天气不够冷，它刚落到地上就融化了。它的许多亲戚也跟随着它落了下来，聚集在地面上，大地慢慢地就好像披上了一层洁白的、闪闪发亮的毯子，把那些枯草都盖在下面了。很快冬风吹过地面，给低洼的地方铺上了薄薄的一层珠毯，好让它跟别的地方一样平坦。光秃秃的树都被压弯变形，但是这时候大雪似乎还要考验它们的承受力，“簌簌”地落到它们身上，那些树弯得更厉害了。太阳开始从米特利斯塔王国的地平线升起，银灰色的天空渐渐明亮起来。

这时传来一阵笑声，打破了宁静，引起了一阵隐约的回声。只见一个雪球在高空中划出一道弧线，朝着丛林的方向，“砰”的一声砸在了一个人的头上。

“好了，我投降！”一个英俊不凡的男子叫道，他一边从灌木丛后面站起来，一边举起了双手。

“这下雪可下大了。”一个有着天籁般悦耳的嗓音的女孩咯咯笑着说，“回去吧，我有一点累了。”

那位男子快步走到女孩的身旁，一路扶着她朝家走去。

“您太冒失了，这么冷的天怎么能让公主出去？她可是有身孕了。”一打开门，他们慈祥的老仆埃斯特就慈爱地责备着王子。“你们俩像小孩子一样，还在雪地里玩呢。”

他们俩都扑哧地笑了。他们有时候确实觉得自己还像个孩子。尽管他们在城堡里过着雍容华贵的生活，随时有成群的仆佣围着伺候他们，还有仁慈的父王，但这并不意味着他们不需要生活中的其他乐趣。然而可以肯定的是，在客人面前他们是不会这样的。

“索菲娅公主，你要坐下休息一会了。”埃斯特提醒道，顺势把她扶到椅子上。埃斯特是一个很善良的女人，有着一头赤褐色的头发，身材丰满，去年秋天才成为王室的新佣人。从来城堡的第一天开始，她就不仅仅是个仆人，还是公主的一位密友。

那个男子，带着关爱和激动的神情看着公主，他显然是公主的丈夫。

“维多夫王子，你现在看起来倒像个要做父亲的人了。”发现维多夫王子带着满怀爱意的笑容盯着她看，索菲娅公主打趣道，同时情不自禁地笑了起来。这个未出世的宝宝让她十分激动，自己身体里孕育着一个幼小的新生命，这种感觉真美妙。

“父王在哪里？”公主问道，“今天我一直没见到他。”

维多夫王子黯然回答道：“他今天身体不舒服。”早上维多夫王子已去看过他的父王。国王脸色惨白，虽然眼睛还是跟往常一样有神，但全身乏力倦怠。王子并没有把这些告诉公主，他不想让公主担忧，更何况，医生说还有一个月孩子就要出世了。

他们慢慢爬上弯弯的楼梯，走向卧室，心情沉重。夜渐渐深了，维多夫王子越来越担心他的父王。他努力闭上眼睛，同时在心里默默为父王祈祷。

远处猫头鹰拍打着翅膀，鸣叫着，向下猛扑去攫取猎物。

月亮高高升起，照在这对夫妻的窗口，好像在保护他们，不让远处饥饿凶残的野兽靠近。

2

金色的太阳还未升起，留下来过冬的鸟儿就开始了悦耳的合唱。昨夜的雪给大地铺上了一层厚厚的如羊毛般雪白的毯子，树枝上挂满了水滴冻结而成的冰珠。

年轻的王室夫妇下楼，问候了每一个人。刚一坐下，维多夫王子就问埃斯特：“父王今天怎么样了？”

为了掩饰担忧，埃斯特竭力装出轻松的样子说道：“他需要足够的休息，我想过一两天，凯西亚国王就会康复的。”话语中带着乐观。

当天中午，维多夫王子去国王的卧室探望，眼前的一幕令他痛心不已。国王的脸消瘦而憔悴，嘴唇就像冬天的天空一样没有血色。听到有人来了，他慢慢地努力睁开眼，嘴唇翕动着，虚弱地吐出几句话：“儿子，你必须做个好国王，用正义和诚实治理国家。你要保证所有清白无辜的人都不会受到不公平的宣判，而所有犯罪的人都要受到法律的制裁。我已经老了，日子所剩不多，就要从尘世中解脱了……”

王子极度悲恸，一句话也说不出来，只是跪在床边，握住他亲爱的父王虚弱的手，两行泪就像两条小河，默默地淌下来。没有一个名医有办法让国王恢复健康，所有人都说已经没有希望了。

国王入睡了，维多夫王子轻轻地离开了房间。当他回到自己的卧室，关上房门的时候，他依然黯然伤心，甚至没注意到公主的存在。

“哦，亲爱的，你怎么了？”索菲娅公主问道，美丽的脸庞上流露出深切的关心。

王子被她的声音吓了一跳，转过身来望着她：“我原本不想告诉你的，父王病了。”听到这话，公主的脸上也露出悲伤的神色。他们悲痛无语，只能一起向主祈愿，请求他延长国王的寿命。但是，如果国王的日子真的到了，那就让他的灵魂平静地离开身体到达天国吧。他们感谢上帝让他们拥有这样一位仁慈的父王，还有他的一切善举。地上的动物以及天上的鸟儿，也和他们一起祈祷。

3

“快去找医生！找助产士！”一个黄昏，几个侍女同时叫道。整个城堡都兴奋起来，每个人都为迎接公主的孩子恪尽职守，随时待命。这离凯西亚国王生病的那个夜晚已经有一个月了，但神奇的是，凯西亚国王还能握住纤细的生命之线。他的病情没有好转，但也没有恶化。随着日子一天天过去，维多夫王子也在心里看到了一丝光明：或许国王能坚持住，逃离死神的召唤。然而他现在没有时间多想这些，他正坐在妻子的身旁，等候见证新生命降临的奇迹。

突然，一声婴儿的啼哭响起，在大厅的每个角落回荡。显然，这是一个健康的、声音洪亮的孩子。

“哇！是一个漂亮的女孩。”助产士给婴儿洗浴时叫道。激动的泪水从骄傲的父母眼中涌出。这实在是一个值得庆贺和纪念的时刻，喜悦之情无以言表。经过一些必要的检查，确保一切正常后，医生把这个刚出生的婴儿递给了索菲娅公主。公主一看到自己的小宝贝，就欣喜地叫道：“我的宝贝，我亲爱的小宝宝!”小宝宝十分漂亮,美得就像阳光一样,照耀着这个宽敞的房间。她有着她父亲一样的黑发,母亲一样的蓝宝石般的眼睛,比最蓝的海洋和天空还要碧蓝耀眼。她能让这个王国其他父母为之惊叹和羡慕。

索菲娅公主张开红唇,笑着宣布:“她以后就叫爱泽拉公主了。”

当晚就举行了小公主的庆生宴,只有王室家庭成员出席。遗憾的是,凯西亚国王卧病在床,不能前来参加。维多夫王子便把爱泽拉公主抱到他父王的卧室。看着可爱的小孙女,凯西亚国王仍不失威严的眼睛里,透露出无比的自豪和欣喜。

庆生宴结束后,索菲娅公主怀里抱着孩子,与维多夫王子一起,缓缓走向卧室。轻轻低语一番之后,她温柔地把孩子放在大床边的婴儿床里。她是一个很安静的孩子,睁着大眼睛到处看。

突然间,一个白色的小东西从开着的窗户外边飞进了房间。这对夫妻好奇地看着那只白鸽落在了婴儿床上。它圆圆的脑袋斜向一边,看着小公主,爱泽拉公主也看着它。鸽子和孩子都注视着对方,好像在商量一个不为人知的秘密行动。这对夫妻彼此交换了一下好奇的眼神。当鸽子张开翅膀飞走时,爱泽拉公主伸出小手,像是在跟它说再见。

临睡之际,刚才的画面一遍又一遍地在索菲娅公主的脑海中浮现,她感觉她的孩子和鸽子在传递着什么秘密。慢慢地,她进入了梦乡,梦里一道彩虹挂在天空,还有一颗黄灿灿的星星清晰可见。

4

“昨天晚上我做了一个梦。”索菲娅公主告诉维多夫王子，“这是一个极其古怪的梦。”她接着讲述道，梦中，高空中传来一个声音，让她去种植看到的第一个不适当的东西。王子皱着眉头听着。她还说那个东西的汁液能医好凯西亚国王的病。听到这里，维多夫王子几乎快叫出来，紧接着又问了许多问题，但是公主也记不清了，他们只能凭感觉去做了。不适当的东西，会是什么呢？索菲娅公主的脑海中翻腾着各种疑问。为了救国王的性命，她可以做任何事情。

时间飞快地流逝，城堡里或四周更远的地方，似乎没有任何不适当的东西，也没有任何东西不见了。索菲娅公主到处寻找，但还是一无所获。之后，她想她可能太心急了，或许那个东西会在适当的时机自己跑出来呢。

一天晚上，王子夫妇俩坐在长桌旁，享用他们的面包、汤和鼠海豚。舀了一口菜汤入口后，维多夫王子做了一个苦脸。他从嘴里吐出一缕黑头发似的东西。“我大概要变秃头了。”王子自嘲道，他以为这是他自己的头发。

但是目光犀利的公主则不这么认为。“你头发可没那么卷。”细细观察后，她叫道：“像是爱泽拉小公主的。”每个人都迷惑不解，维多夫王子问女仆怎么回事，她们说之前洗了小公主的衣服，但是他们不可能把洗菜水和洗衣服的水混在一起，而这又不可能是女仆的头发，因为她们中没人有黑色的卷发。

晚餐过后，大家都离开餐桌。女仆去干活了，王子夫妻俩去看望国王。令大家高兴的是，国王还一直在同命运之神抗争。

“那些是什么?”王子指着国王床上几根丝线般的东西说道。夫妻俩互望着,意识到那是爱泽拉小公主的头发。

公主拉起维多夫王子的手,把他拉到房门外,关上房门后,她激动地叫道:“是头发!”

“你是说……”

兴奋的公主只是点着头,一句话也说不出,然后就冲向外面,王子则尾随其后。公主迅速地种了几根小公主的头发,并小心翼翼地给它们浇水。如果有人碰巧路过,看到公主的举动,一定以为公主在经历这么多的可怕事情后疯了呢。

她一直就靠着直觉和梦的启示去做,现在,就只有等待奇迹发生了。

化冻的土地比较适宜这几缕卷发的生长。随着春天脚步的临近,这将会是个很好的生长时期。它们会长成一株花,一棵树,还是任何国王、王后都没见过的神奇东西?

日子一天天过去,公主悉心照料着那块土地,但还是什么都没有长出来,可她仍然抱着希望。鸟儿飞来飞去找东西吃,但是它们从来不靠近那个地方,仿佛知道那是一块不能被打扰的神圣之地。晚上,风儿吹着轻柔的曲子,似乎在祝愿那未名的植物有一个美梦。

5

一天清晨,索菲娅公主被窗外鸟儿的叽叽喳喳声吵醒了。平时早上它们都快乐地啼鸣,但是今天好像遇到了什么特别激动的事。索菲娅公主迅速起床,走到窗前,眼光立即停驻在她细心种植女儿头发的那块土地上。那儿,就在她的眼前,从地面冒出了带着一片娇嫩叶子的小绿芽。

“怎么这么吵啊？”一个尚带着睡意的声音从她身后传来。

她一句话也不说，走到维多夫王子身边，把他拉到窗前。顿时，他惊呆了，他们知道国王有救了。

每一天，那棵被他们命名为“爱泽拉的祝福”的神奇植物，在一点点地生长。它的枝干变得越来越粗，仅仅几天，就比王国里大多数植物的枝干都要粗。枝干越来越粗，它的顶部开始长出一朵小小的黄色花蕾。花蕾和粗大的枝干完全不成比例。总之，它是一株古怪的植物，但是他们知道，它有治好国王的神奇魔力。

关于这株神奇植物的消息不胫而走，很多远客都来打听详情，但是没有收获，只是听到一些零星的传闻。

一天，这个秘密传到了一个遥远的国度。街上有几个人在谈论那棵神奇的植物，有个人在一旁偷听，听得很用心，小眼睛都眯成了一条缝。这个人自言自语道：“如果我能得到这棵植物，不论哪儿的男女老少，只要生病，都会来找我，乞求灵丹妙药，那样我就能挣到好多金子了。”这是一个总是不计一切去攫取钱财的人。很快，他想出了一条诡计：“有办法了。”

6

“那株植物现在已经开满了鲜花，黄灿灿的，同时还散发出一种很奇特的香气，飘散到很远。”一天晚上用餐时，公主对侍女们说道。大家都欢呼雀跃起来。他们都爱戴国王，希望他能够好起来，再次看到他下棋时的样子，即使是输给了索菲娅公主，眼中依然闪耀着光芒。

“我相信明天应该就可以了。”公主祈愿道。

第二天一大早，索菲娅公主做的第一件事就是来到外面。

阳光明媚，暖暖地、慈爱地照耀着万物。她轻轻地从那株植物的花蕊上挤了几滴花汁在手心里，感到欣喜无比，然后一刻都不耽搁，急忙赶到国王的房间，把这几滴花汁滴在他那干干的嘴唇上。索菲娅公主屏住呼吸看着，心剧烈地跳动着。慢慢地，国王的脸上有了血色。起效了！国王的眼睑颤动着，然后慢慢睁开了双眼。“啊，孩子，我感到……感到如此的不一样。”

索菲娅公主高兴得默默流泪，紧紧地握着他慢慢恢复力气的双手。

就在这个时候，维多夫王子走了进来，看见父王的脸上再一次有了血色，他欢快地跳了起来，冲到国王的身边：“噢，父王，这真是太棒了。”

“但是，怎么会……”国王很疑惑。索菲娅公主从她的那个梦开始，向他讲述了整个故事，他十分惊讶地听着。这真是一个上帝创造的奇迹，小公主居然救了他的命。谁能想到，一个刚刚降临到这个世界上的幼小生命，能够拯救一个国王的性命呢？国王恢复了活力的双眼，流露出感激之情。索菲娅公主曾经救过他，而这次他的孙女又救了他。

外面，不论天上的神灵，还是地上的居民，也都以自己的方式庆祝着这件事。阳光照耀着所到之处，用美德之光照耀着所有的地方。蓬松的白云和五颜六色的飞鸟使天空变得更加美丽。鸟儿聚在一起起舞，幼鸟紧跟其后。

7

欢庆活动渐渐地结束了（尽管并不会完全结束），居住在城堡里的人又回到了以前的生活，不再忧郁。凯西亚国王的身体恢复了往日的健康，每天下棋时，又能听到他爽朗的笑声。

一天，国王和索菲娅公主正在全神贯注地下棋，王子一脸兴奋地进来，打断了他们。“看你开心的样子，像是一箭射中了两头野猪。”国王呵呵笑着说道。

“或者是三头。”公主也咯咯地笑着，“是什么好消息啊？”

“好，让我来告诉你们。”王子开始说道，“我将要和一个优秀的弓箭手一起射箭。”

“优秀的弓箭手？”他的父王重复道，“是从哪里来的？”

“一个叫布莱斯威尔士的地方。”王子回答道。没有人听说过这个地方，但是他们都为王子感到高兴。“明晚，我将把那个人——亚希纳爵士介绍给你们。”王子允诺道。

接着，他们又开始下棋，出乎大家的意料，这次国王赢了。

8

那个人跟在维多夫王子的后面，沿着宫殿的游廊慢慢前行，去见王室其他成员。他眼睛所看到的全是富丽堂皇的房间和宽阔敞亮的大厅。他迅速扫视了豪华宫殿的每一处，心被妒忌狠狠地刺痛了。

“这是亚希纳爵士。”维多夫王子向他的家人介绍道。

“很高兴认识您。”索菲娅公主非常有礼貌地向他打招呼，脸上带着富有感染力的微笑。和其他所有人一样，亚希纳也被公主的笑容打动了。他再一次看到令人倾心的事物，这一次可不是豪华城堡，而是站在他面前的迷人的索菲娅公主。她金黄色的头发编成辫子，盘在头上，用银色的丝带系着，只留下几缕波状的发丝，柔滑的绸缎套裙将其天使般的面孔和优美的体态展现得淋漓尽致。

正在相互介绍着，一阵洪亮的婴儿啼哭声打断了他们的话语。“很抱歉，是我的宝宝在哭。”索菲娅公主解释道。

此时，那个男人的眼神变得像狮子般贪婪。“哦，我听说过这位小公主，不就是她救了国王陛下的命么？”

公主很自豪地点点头。

“我能看一下小公主吗?”亚希纳爵士请求道。王子夫妇带着他来到婴儿的摇篮前。爱泽拉小公主长得一天比一天漂亮，黑色卷发变长了，明亮的蓝眼睛像水晶般清澈精致。索菲娅公主将她抱起来，她就不哭了。趁人不注意，亚希纳偷偷地对小公主的头发看了一眼。

当大家都相互介绍完了以后，维多夫王子问道：“我们可以开始了吗?”亚希纳爵士表示同意，然后他们就一道走向悬挂着箭靶的场地。

射箭比赛进行得比较顺利，维多夫王子射中的箭靶比亚希纳多，但亚希纳的水平也不差。

又轮到亚希纳射箭了，他的箭飞得很高，穿过了树丛，但没有射中靶子，而是飞到靶子后面去了。亚希纳爵士去靶后取箭的时候，被一些石块绊倒了。维多夫王子立即跑过去帮他，他发现亚希纳伤得很严重。

“我想我的脚踝扭伤了。”他试着站起来，但不行，一站起来就跌倒。这时天色已经相当晚了，太阳已经徐徐地落到了山后。

“很晚了，我得回家了。”

“但是您受伤了。”

亚希纳爵士又尝试着站起来，但又跌倒了。

“今天晚上您得住在这，您的脚受伤了，不能走动。”亚希纳爵士假装勉强同意了。

回到城堡后，维多夫王子把跛着脚的亚希纳带到一间大房间。“我现在就去帮您找医生。”“哦，不用了。”亚希纳连忙摇摇头，“我明天早上就能好了，谢谢您，殿下。您对我这样一个陌生人如此盛情款待，我真是感激不尽！”他把手放在王子的肩上。

王子告诉他不用谢，便关上门出去了。王子走后，亚希纳薄薄的嘴唇浮现出邪恶的笑容，觉得计划进行得很顺利。

9

人们枕着松软的枕头进入了梦乡。没人知道他们梦见了什么，除非他们愿意同别人分享。而在这时，一个神秘的人慢慢行走在城堡宽阔的宫殿走廊上。四周是人们微弱而有规律的鼾声，神秘人的脚步极其轻缓，比猫头鹰猛地扑向猎物之前还要轻。他的一双小眼睛十分敏锐，即使在黑暗中，也能辨清家具的轮廓。

他们到底把孩子藏在哪儿了呢？他思索着，然后走到一扇微开着的门前。他慢慢地推开门，向里面窥视，看到了王子夫妇。环顾了整个房间后，他的目光最后落到了摇篮里，看到了安稳地睡在其中的小公主。

啊，她在那儿！他欣喜若狂，但压抑着不笑出声来。他慢慢地向房内走去，像一头狮子潜近自己的猎物。到了摇篮边，他努力想着怎样把他的宝贝带走，然后他小心地举起了摇篮。由于身体强壮，他觉得摇篮一点都不重。他缓缓地挪着步子，走出房间，经过走廊，下了楼梯。有人也许觉得奇怪，他怎么能这样一路带着婴儿，却不惊醒她，很多父母肯定也很想知道这个秘密。

10

“呀！”第二天清晨，索菲娅公主被惊醒了，原来是白鸽正轻轻地啄着她的脸颊，虽然不是很疼，但也足以弄醒公主，引起她的注意。等她完全睁开眼睛，白鸽开始发狂似的拍打着翅膀。索菲娅公主迷惑地从床上坐起，想看看发生了什么事。母亲的本能使她首先望向摇篮的位置。如烈火焚烧着她的整个身体，她突然发出了恐惧的叫喊声，惊醒了维多夫王子。维多夫王子顺着她呆望的方向看去，也急得跳下了床。这对父母一阵慌乱，随即套上衣服向外冲去。如果这是喜剧中的一幕，观众看到也许会笑得发抖。然而十分悲哀的是，这是一个可怕的事实。他们焦急地寻遍了整个城堡，几乎撞到对方，来来回回地问了成千上万遍，却没有一点消息。

片刻不敢耽误，索菲娅公主又冲回房间，拿出戒指和魔法贝壳，骑着她的那匹黑马，冲出了城堡，白鸽紧跟着她，寻找小公主的征途就这样开始了。

11

那天，在喧闹的街上，很多人都看到这样奇怪的一幕：一个男人带着摇篮在街上跑，孩子在里面直哭，那人却咧着嘴笑。“一个疯子。”很多人愤愤地想道。“这孩子很可能是个弃婴。”人们议论道。他们知道，有很多婴儿被抛弃了，因为他们的父母由于某种原因无法照顾，希望神职人员能够收养。大家都摇摇头，感叹道：多么令人悲哀的事情啊！

与此同时，索菲娅公主正在检测她手上的戒指。远离城堡后，戒指开始散发热量。她静静地祈求上帝的帮助。在很多艰难时刻，她向上帝祈求帮助，总能得到他的指点。

已经晌午了，形形色色的人都涌到街道上。主妇在清扫灰尘，男人离开家去工作，孩子们在尘土飞扬的马路两侧嬉闹玩耍。看到公主，人们亲切地向她问候，孩子们不太礼貌地直盯着她看，他们经常听到关于她的英勇冒险故事。看着她伸出一只手臂，快速前进，他们十分好奇，却看不出她现在很沮丧，因为她没有表露出来，只是坚强地前进。穿过街道和房屋，她朝一片绿色的田野奔去，戒指越来越热了，因此她加快了前进的速度。眼前的这一幕，任何人都会觉得是一幅迷人的画面：一位美丽女子骑着一匹大黑马飞驰，马鬃和马尾在空中飞扬。

那个男人已经累得走不动了，他决定在一些大石头后面休息一会，根本不知道被他绑架、他认为能助他发财的孩子的母亲正尾随其后。正午过后，他又饥又渴，嘴唇都干了。要是有一把弓和几支箭，他准能收获到几只不错的猎物。他看着孩子，想到她的头发能够变成他渴求的金子，想到他再也不用挨饿，他就忘记了饥渴，幻想着即将得到的财富。“我亚希纳，即将是整个宇宙最富有的人。我的面前将有成堆成堆的金子，多得我都花不完了。啊，那该有多好啊！”

这时，飞奔的马蹄声打断了他的美梦。他转身站起来，朝大石头那边一瞥，看见公主朝他这个方向奔来，吓了一大跳。思索片刻，他野蛮地抓起正在啼哭的小公主，朝附近的悬崖走去。

索菲娅公主赶到时，脸色顿时下得惨白，她已经猜到了他那邪恶的念头。她赶紧向上帝祈祷，祈求帮助，然后快速奔向山边，想把她的孩子从坏人手上抢过来。远处传来了他的笑声，回荡在山谷间。

“要是你再敢靠近一点，我就把你的孩子扔下去。你是想要接住她，还是让我带着她？”亚希纳在悬崖上挑衅地说。

手里握着海贝壳，索菲娅公主心中满怀希望，叫道：“我绝不会让你带走她的！”

亚希纳用一只手把孩子拎在半空中。他们都没注意到那只白鸽。白鸽飞到那个男人的头顶，然后开始快速拍打着翅膀，在他的身后撒下几根羽毛。这些白色的羽毛一落到山顶上，就开始变化形状，一个接一个地变成了勇敢的骑士。但是那个男人却依然毫不知情，仍在嘲笑山下的公主：“让我带着她吧，你说呢？”

突然，他的眼角瞥见了什么东西。一转身，他就惊恐地发现自己已被几个不知来自何方的神秘骑士包围了。他害怕得颤抖，连孩子都握不住了，眼看她就要摔下悬崖。就在这时，海贝壳向下坠的孩子送去了一股风，神奇地托起了她，就像下面有一双温柔的手臂，慢慢地把她送到她的母亲伸出的安全臂弯里。索菲娅公主把她受惊的孩子紧紧地贴到胸前，喜悦又感激的泪水溢满脸颊：“哦，上帝啊，我心爱的小宝贝啊！”

悬崖上面，骑士们把亚希纳绑住，拖下了山。他一路不停地叫：“放开我！你们不能这样对我，放开我！”显然，他的叫喊是徒劳的，没有人同情他。

12

那只白鸽飞向蓝天，棉花般蓬松的云朵散开了，一道五光十色的彩虹从云层后面升起，悬挂在辽阔的天际。鸟儿开始唱起胜利之歌，地上的动物也应声合唱，共谱一首令人陶醉的乐曲。高大的树木，绿叶浓密，为下面的庆祝者们提供了一片凉爽的绿荫。

微笑的太阳照耀着宏伟的城堡，王室成员们站在阳台上，眺望着远处的人群，格外喜悦。村民们已经知道了两次关于拯救的故事：爱泽拉小公主救了凯西亚国王，又被索菲娅公主所救。这实在是喜庆的一天。

村民们的疑惑也得到了解答，因为索菲娅公主将她心爱的女儿头发的秘密告诉了他们："它能治好疾病。"

"但是那株植物的汁液必须靠爱去栽培，要出自善良的人之手，也必须给予好人。"维多夫王子补充道。所有人听到后，都被吸引住了，既觉得美妙神奇，又非常羡慕。

欢庆还在进行的时候，那个恶人已经被审判，送至绞刑架。直到他的灵魂和世界说再见的那一刻，他才停止号叫。

这个不为人知的故事，会让我们更加珍惜所爱之人的生命。人们会更加深刻地探讨生命的问题和价值，直至灵魂深处。从鸟儿们的欢唱，到细心培育着土地的雨水，这些都是生命之珠，所有人都应该珍惜。

美德之花

1

明媚的阳光渐渐暗淡，银色的月光泻满大地。动物们开始了夜间的活动，有一棵植物也静静地注视着这片土地。如果有的动物被强烈的好奇心驱使，靠近这棵植物去闻它散发出的神圣香气，就会立刻感到昏昏欲睡。当人们沉浸在梦乡时，夜间活动的动物小心而又敬畏地研究着这棵有着五个尖尖花瓣的植物。它们知道，这朵花儿拥有神奇的魔力。

另一个黎明悄悄地降临，尽管还有一会儿太阳才会懒洋洋地爬起来，米特利斯塔王国的人们已接二连三地从睡梦中醒过来。虽然太阳还未从地平线上探出脑袋，但在这片充满神秘探险和勇敢拯救故事的土地上，正上演着另一个传奇。

清晨的阳光透过带有褶皱的刺绣窗帘，洒入索菲娅公主的房间。她睁开蒙胧的睡眼，突然想起了一件高兴的事情，比蓝宝石更璀璨的眼睛露出不同寻常的热情。今天是一个好日子，因为她多年未见的父亲——诺可塞利亚国的弗拉申国王今天要来米特利斯塔。她多么想念他，想念他慈爱的眼睛和爽朗的笑声啊！在她身旁，英俊的王子仍在酣睡，睫毛轻触着脸颊。公主知道，如果王子知道了即将发生的大事，也一定会很高兴。

索菲娅公主轻轻地掀开华美的缎被，悄悄下床，来到爱泽拉小公主的摇床边，发现她还在睡梦中。公主心想，那小小的脑袋里正梦见什么呢？紧闭的双眼长得多像自己呀！她悄悄地跪在床边，感激地祷告着，感谢上帝将这个小生命赐予她。尽管离小公主出生的那天已经有好几个月了，她对一切仍记忆犹新。爱泽拉小公主用她那具有魔力的头发救了凯西亚国王。她的头发可以变出救人性命的植物，有粗粗的枝干，开出的花朵胜过璀璨的星辰。

这时，一个声音从她的身后传来："啊，太阳已经升起来了！"索菲娅公主一惊，转身回头问候那个打破宁静的人。

"是的，亲爱的，太阳升起来了！"她回应刚下床的王子。

"今天天气真好。"王子看着向窗外远眺的公主微笑，走到公主身边，和她一起欣赏这份安宁。各种树叶开始变换颜色，迎接秋天的到来。慢慢地，一片树叶会从树上落下，落到地上，或落到碰巧在那里的哪只倒霉昆虫的身上。松鼠们开始到处搜寻橡果，囤积起来，以备过冬。

2

米特利斯塔王国村庄稀少，但是当人们都涌上街道时，王国却又像挤满了人。那一天也是这样，没有人待在家里，即使身体不适的人也会走出屋子，呼吸新鲜空气。很多路过的游客来到米特利斯塔王国，看见这样的场面，都停下脚步询问，虽然问了不少，可还是问不出什么所以然来。

此时城堡里到处可见男仆和侍女们匆忙的身影，虽然已经打扫过很多遍了，他们还在抓紧每一分每一秒，忙着进行最后的清洗、打扫。凯西亚国王为这个盛大的场面准备了许多精彩奇特的节目,有美妙的音乐和魔术表演,还有精彩的猎鹰比赛。表演者来自世界各地,有的来自著名的国度,有的来自无名之邦。最出色的猎手将会被奖赏一袋金子。凯西亚国王的矛隼加仑由一位名叫费尔左的驯鹰大师专门饲养训练。

每个人都处在一种极其兴奋的状态中,但最兴奋的人当属索菲娅公主。她盼望着见到她亲爱的父王,兴奋的感觉如同闪电击中全身。她不仅仅期待着父王的来到,也盼望着见到罗里可斯。罗里可斯是他们非常喜爱的鹦鹉,全身彩色羽毛,能说会道。索菲娅公主信步走到阳台,欣赏外面的风景。宫殿门前,可以看见来自社会各个阶层的男女老少,身着各种各样的服装。男人们穿着紧身短上衣,披着披风,女士们则戴着锥形的、饰有珠子和羽毛的帽子,一些人的脸半掩在与服饰相搭的面纱后面,贵族们身着华丽的丝绸锦缎,而穷人则穿着粗布衣。目光跳过喧嚷的人群,索菲娅公主深深陶醉于大自然的壮美之中。此时太阳已升至半空,裹在洁白松软的云朵里,仿佛也为了这个特殊的场合而刻意打扮了一番。

3

五彩的烟火在空中璀璨地绽放,鸟儿们啾啾地哼着快乐的曲调,还不知道就在今晚它们将会遭到猎捕,一只幼鸟可能会失去妈妈,有的鸟也许会失去孩子。

"哦,父王,能见到您真是太好了!"索菲娅公主迎上前去,欢迎弗拉申国王。父女二人沉浸在亲情的拥抱里,任何人看到这一幕,都会流出高兴的泪水,被这份伟大的爱深深感染。一些人会很羡慕,希望自己也能拥有这样的亲情。

弗拉申国王和索菲娅公主互道问候,不断询问最近几年各自身上发生的事情和健康状况。尽管他们之间一直在通信，但当然不及亲耳听到对方告诉自己。等问得差不多时，索菲娅公主把她的父王带到了婴儿床边，弗拉申国王流露出惊讶和欣喜的神色。他不仅因为爱泽拉小公主精致的容貌而感到震撼，同时也为母女俩如此相像而感到惊奇。

“啊，孩子，当你还是一个婴儿时，你的眼睛还有笑容和她一模一样呢！”弗拉申国王说道，索菲娅公主饶有兴趣地听着。

就在他们交谈的时候，外面的准备工作也在有条不紊地进行着。费尔左在拾掇矛隼加仑，使它看上去更加威武矫健，一边嘴里哼着小曲。但是即使不拾掇，任何人，哪怕只是一个孩子，都会注意到这只大鸟的雄健身姿。它有巨大的体型、深凹的黑色眼睛和强有力的巨爪。加仑一整天都没有被喂食，因此捕食猎物时，它将会因为饥饿而更加凶猛。此时它锐利的眼睛正仔细观察着它的饲养者。

鸟棚里还有其他几只鹰隼，以及将会被作为猎物的鸟儿，它们都将参加到这场狩猎中来，这其中还包括维多夫王子的母游隼。

“我在想谁将获得冠军。”一位名叫摩兹斯特尔的驯鹰师说道，他养了一只猎隼。

“还用说吗，肯定是矛隼，但是国王陛下是不会自我奖赏的，因此肯定是第二名将得到金子。但是究竟是谁，我不太好预测。”

“加仑太强大了。”

“那是肯定的。尖尖的羽翼会助它飞得迅捷轻盈，它能完成最为精确的捕杀。”

“但是游隼也不比它逊色多少。”

“是啊，毫不逊色。”费尔左点头道，“它最为厉害的就是强劲的猎捕。”

在他们俩聊天时，有一个人正眯着眼睛专心致志地在旁偷听，从他的表情上可以清晰地看出他一定在想着什么不好的事。他枯瘦的手指，捻了捻几根稀疏的胡须，压着嗓子低语道："我明白了……"

宫殿里，索菲娅公主正开心地笑着，原来是弗拉申国王把罗里可斯带出来了。

"啊，公主殿下，你好，你好！"鹦鹉问候道，兴奋地拍着彩色的翅膀。

父女俩决定把它从笼子里放出来，让它自由地在宫殿里飞翔，他们知道罗里可斯不会迷路的。这个决定让所有人都非常高兴，尤其是罗里可斯。

宽阔的走廊和豪华的大厅里都摆满了桌子，陈列着各种各样的美食，有面包、汤、鼠海豚、烤肉，还有填满馅的烤孔雀和烤天鹅。

很多音乐家开始演奏乐器，迷人的乐曲回荡在庞大的城堡里，飘出了宫殿的门外。表演者们精彩滑稽的杂技和魔术，深深地吸引了宾客们。一些人太过着迷，以至于忘记了出声叫好。

"陛下，能再次见到您，真是太令人高兴了。"维多夫王子进来，为自己的迟到道歉，并解释原因——他有几项要务需要处理。他们热情而礼貌地相互问候。正当众人聊得兴起时，凯西亚国王也进来了。

"啊，能再见到您，真是荣幸啊！"凯西亚国王对弗拉申国王说道。两位国王专注于与对方的交谈，都没有注意到别人想询问即将举行的活动的情况。

城堡外面，大自然也是处于兴奋的状态。一群群小动物围在城堡四周，试图偷看里面的动静。为了更靠近窗户，一只兔宝宝趴在了它妈妈的背上。鸟儿们是最幸运的，只需栖在枝头，就能瞧见窗户里的情况。动物们不明白这么热闹是为了什么，但是直觉告诉它们，一定是什么特别的事情。

4

当城堡里的所有人都在为弗拉申国王的来访而庆祝时，一个人悄悄地偷偷溜了出来，一只手拿着一个透明的小玻璃瓶，另一只手捻着胡须。“这个能行的。”他心里想道，干裂的嘴唇露出一丝不易察觉的、狡诈的笑意。

当他赶往鸟棚时，罗里可斯正好飞过他的头顶，欣赏着整个王国的景色。它栖在一根树枝上，俯视着鸟棚，听到那些鹰隼不耐烦地等候狩猎的叫声。出于好奇，在那个人关门之际，罗里可斯决定飞进去看看。

屋子里到处都是拍翅声、抓挠声，还有各种尖叫声，以及一些人耳难以辨别的其他声音。正当那个人走近游隼，想要干坏事的时候，屋子里忽然暗了下来，因为乌云遮住了阳光。他觉得自己的动作够轻缓了，同时用手把瓶塞打开了。

“哦，你好啊！”突然一个声音传来。那个人显然吓了一大跳，差点把瓶子里面的东西给泼出来。为了掩饰他来这儿的意图，他颇有礼貌地做了回答。但他在屋子里没有看见任何人，心想或许是因为屋子太暗了所以看不清。

那个声音又响起来了：“天气真不错！”

他可不想被误认为是个傻子，于是回答道：“是的，先生。”他的心跳也不由自主地加快了。

聪明的读者此时一定猜到了，是的，这个神秘的声音正来自罗里可斯。出于友好，它主动向对方打起了招呼。那个人不知。此时一阵强风把门给吹开了，罗里可斯便趁机飞了出去。

安静了几分钟后，那个人的心跳又渐渐恢复了正常。他不知道究竟发生了什么事，但是他确定他得快点干完活，没有时间了。于是他立刻走向他估摸着是游隼的笼子，喂了一小块撒了药粉的肉。干完后，他便迅速地离开了鸟棚，因为他始终觉得鸟棚里徘徊着这个城堡已逝的魂灵。

5

那天下午，成千上万的人聚集在宫殿大门前广阔的草地上。明媚的阳光普照大地，亲吻着地上的一切。随着狩猎即将开始，和煦的微风也哼起了激昂的曲子。为了迎接这个盛大的活动，所有的鹰隼都被相应的装扮一番，佩戴的脚环标志着主人的地位：公爵们养的是岩隼，乡下人养的则是苍鹰或鹞。所有人都期待着狩猎的开始。弗拉申国王这次只是观众，因为他没有把鹰隼一起带来。

信号响起，所有的鹰隼立刻被打开脚环，放了出来。观众们都好奇地看着这些大鸟高高地冲向天空，飞向辽阔的远方。矛隼舒展开尖尖的羽翼，优美地飞过树梢，快触及云层，一转眼间便消失在视线之外。

那个蓄着胡须的人紧紧地盯着游隼，令他惊讶的是，它飞得很正常，没有任何异样。当他把视线转向他自己的鹰隼时，他的心不由得惊了一下，只见它奇怪地拍动着翅膀，不能称之为是飞了。当其他的鹰隼都在追捕猎物时，他的鹰隼最后扇动了一次翅膀，然后便非常令人伤心地摔到了地上。那个人在心底狠狠地咒骂着，极其沮丧，因为他犯了一个粗心的错误。其他人也看到了这个情景，当他的鹰隼摔落到地面时，很多人都冲上前去，看看发生了什么事。人们很震惊地发现那只隼已经死掉了。那个人此时变得很紧张，只希望没人会注意到。

“那只不幸摔死的隼是谁的？”凯西亚国王的一位骑士问道。

“是我的……”那个人走上前回答，希望能掩饰住自己的紧张。

“请问你是？”

“利昂恩兹伯爵。”

很多人都走上前来安慰他。利昂恩兹装作很伤心的样子，跪在地上，故意小心翼翼地抚摸着自己的鸟儿。至少我现在没有嫌疑了，他心想。

这种事偶尔会发生，虽令人惋惜，但是它不会妨碍这场盛事的继续。过了一会儿，人们的注意力又转移到狩猎上面。

随着狩猎接近尾声，很多鹰隼都飞回来了，带着他们捕获的猎物。仔细查看过每一只猎物后，终于金子的得主诞生了。

“维多夫王子的游隼是本次狩猎竞赛的冠军得主！”一个人宣布道。

但是，不出乎观众的意料，维多夫王子谢绝受奖：“金子应该奖给第二名的人才对。”

摩兹斯特尔眼中饱含着敬佩和感激之情，接受了金子。所有人都欢呼起来，祝贺维多夫王子和摩兹斯特尔。

一位骑士说道：“今晚我们将用维多夫王子猎获的苍鹭和凯西亚国王猎获的白嘴鸦来款待大家！”欢呼声越来越响亮。

在喧闹的人群后面，有一个人的全身血液在沸腾，脑子里充满了憎恨和失望。他知道自己的鹰隼本可以比摩兹斯特尔的鹰隼捕获更多的猎物。“等着瞧，一群愚蠢的人。”

6

宴会期间，很多主人仍让自己的鹰隼栖息在他们戴有手套的手上。它们都很乖巧，获得鼠肉或鸡肉作为奖赏。席间，一对对男女高兴地跳起舞来。维多夫王子和索菲娅公主也在舞池里优雅地跳着。索菲娅公主长长的裙摆拖在身后，使她看上去宛如在飞舞的天使。她将金色的头发在脑后挽成发髻，上面系着银色和蓝色的丝带，眼睛蓝若宝石，闪动着快乐的光芒，嘴唇仿佛娇艳欲滴的红玫瑰，绽放出迷人的微笑。

突然，有人在公主玲珑的肩膀上轻轻地拍了一下，打断了二人的舞蹈。原来是利昂恩兹伯爵。看到是他，王子夫妇再次为他表示惋惜。利昂恩兹伯爵装出一副忧伤的样子，摆了摆手，并彬彬有礼地向他们道谢。“久闻公主殿下之名，一直希望能有幸与您相识。任何人哪怕只是看上您一眼，都觉得是无上的光荣。”他对索菲娅公主说道。公主听了这话，脸上不由得泛起了一阵红晕。

在交谈时，公主指着餐席，邀请伯爵一起用餐。伯爵表示非常感谢，但有礼貌地回绝了，然后就消失在人群中。王子夫妇继续着他们的舞蹈，一起随着音乐的旋律翩翩起舞。

跳了一会儿，索菲娅公主向王子建议道：“我们来喝点汤吧！”为免碰撞旁人，他们慢慢地挪向自己的座位。

忽然，一个小东西迅速地掠过人们的头顶。

“哦，是罗里可斯！”等它飞近的时候，索菲娅公主认出了它，喊了起来。

“危险！危险！”罗里可斯在他们的头顶上空厉声叫道，然后冲向维多夫王子的汤碗，把碗打翻了。很多人听到响动，都回过头来观看。

索菲娅公主喘了一口气。她知道罗里可斯的举动总是有原因的。

“有毒！有毒！”当鹦鹉叫出这句让人胆寒的话语时，更多的人转身观看。

与此同时，有一个身影匆忙地要离开城堡。“原来这就是我那天听到的声音啊！”他终于辨认了出来，为自己的愚蠢感到好笑，但是已经没有机会了。时间宝贵，他需要立刻离开这里。

在城堡里面，罗里可斯快速地扇动着翅膀，领着王子夫妇等一些人，走向早些时候关鹰隼的鸟棚。他们打开门，罗里可斯径直飞向利昂恩兹伯爵的鹰隼死之前呆着的地方。他们注意到笼子下方有一些透明粉末的痕迹。索菲娅公主蹲下身子，查看了一下地上的粉末。

“这很有可能是毒药！”公主说道。她又发现一小块肉，上面也有着同样的粉末。大家惊恐地对视着，明白了是什么杀死了那只可怜的鸟儿。但谁会做这样的事？而且为什么要这么做呢？维多夫王子和索菲娅公主想起了当天发生的事件。“罗里可斯，”索菲娅公主转向鹦鹉问道，“你看见有人在汤里放东西了，是吗？”

罗里可斯的尖叫使她确定了她的怀疑：“那个人！那个人！”

当大家把所有线索都联系在一起时，想出了这残忍的事是谁干的。

一个雪白的东西不知道从什么地方飞进了人们的视线。索菲娅公主指着它说：“看，是那只白鸽！”当它飞近时，索菲娅公主看见它嘴里衔着一枚魔力戒指。毫无疑问，又有一个冒险要开始了。她的眼中闪烁着光芒，戴上了戒指。

“不，你不能一个人去！”维多夫王子阻拦道，“那个人太危险了。”

“我会处理好的。不要担心。”

维多夫王子耸了耸肩：“我知道，可是……”

索菲娅公主没等他讲完，就跨上马背，飞奔而去。她要抓到那个坏蛋，使其受到应有的惩罚。

7

金黄色的太阳慢慢地沉入地平线，湛蓝的天空渐渐暗了下来。鸟儿们喧闹的啾啾声逐渐平息下来，一个个进入了梦乡。在鸟儿们沉睡的时候，行踪隐秘的夜行者们开始四处活动，寻找猎物。一想到美味的杀戮，它们便露出长而锋利的獠牙，由于饥饿，不住地流口水。伴随着远方猫头鹰的低鸣声，索菲娅公主随着戒指的指引加速前行。戒指上面传来的温度越来越炙热，这使她确信自己没有走错路。

利昂恩兹伯爵满怀自信地逃离了城堡，认定没有人能识破他的计谋。由于确信没有引起怀疑，在离城堡数英里之远时，他放慢了速度。天越来越黑，群星犹如璀璨的宝石，在天鹅绒般的夜幕上空闪烁着。他的心里充满了懊恼，那只鹰隼花了他一大笔钱，是一笔不小的损失。他突然大笑起来，自己真是一个傻瓜啊！没人会像他一样，被一只鹦鹉作弄。

索菲娅公主来到四周都是大树的溪谷，树枝在寂静的风中摇晃着，犹如老巫婆正在施法。公主回想起那天她父王得救时的情景，突然，她敏锐的耳朵听到了一阵笑声。她立刻意识到了是谁在笑，于是加快了脚步靠上前去，隐约看见了一个男人的轮廓。她一点点往前挪行，突然不小心踩断了脚下的一根树枝。听到了动静，那个人转过头来。于是他们再一次面对面，而这次，那人没有丝毫的谦恭和掩饰，脸上只露出了惊讶的神色。

“是你企图杀死维多夫王子的鹰隼吧，失败之后，你竟然还想杀了他。”

那人只是朝着公主冷笑着，因为没有月光，索菲娅公主并没有看清他阴冷的样子。

突然，毫无预兆地，那人扑上前去袭击索菲娅公主。当然，索菲娅公主不会这么轻易被伤到，她会为宝贵的生命顽强抗争。但攻击才刚开始，便戛然而止。索菲娅公主虚弱地站起来，嗅到了一股非常奇特的香味。灰暗的云层缓慢分开，一束月光射了下来，公主看清了眼前的景象。伯爵摔倒在地上，在他的前方有一朵黄色的花灿烂地绽放着。这是一种和爱泽拉小公主的头发一样拥有魔力的植物。真是难以言喻的奇迹，这是全能的上帝送来的礼物。

她小心翼翼地靠近了那个人躺着的地方。令公主惊讶的是，伯爵居然沉沉地睡着了！这种植物叫做“爱泽拉的祝福”，可以产生一种芳香，使恶人熟睡，而对好人却不起作用。

8

第二天早晨，整个城堡外面都洋溢着欢呼声。人们都高兴地谈论着索菲娅公主的勇敢和爱泽拉小公主可以变出神奇花朵的魔力头发。当人们在绿荫地和树丛中举行庆祝活动时，天空中的鸟儿也在进行着自己的狂欢。罗里可斯和白鸽也加入了这场空中舞会，它们成了好朋友，一起展翅高飞，白鸽还在空中绘出彩虹之图，无数的蝴蝶环绕着它们，展现出千变万化的颜色。驯鹰师们也放出了鹰隼，让它们也加入到空中的欢庆之中。

各地的人们都加入到这场庆祝活动中。他们充满敬意地仰望着两位公主，对她们的勇敢、善行和魔力感到敬佩不已。索菲娅公主不仅拥有神奇的礼物，还有一颗善良、博爱的心。她会冒着生命危险去拯救他人。毋庸置疑，这种美德已远远超过了所有的魔力。

欢庆还在继续，那个邪恶的罪人——利昂恩兹伯爵，被牢牢地锁在了地牢里，等候公正的裁决。

在这里，我们再一次结束有关魔力和勇气的故事，从中学到一些值得深思的东西。这又是一场正义与邪恶的较量，只有一点永不会改变，那就是邪不胜正。

险象环生

1

天空中浓雾密布，黑云滚滚，吞噬了整个月亮。风狂怒地呼啸着，横扫大地。树被扭成了结，花瓣被撕裂。闪电在空中掠过，空中的鸟儿、山谷里的动物四处逃散。阴沉的天空狂暴地发出声响，暴雨一下子倾泻下来。刚刚还是祥和的景象，现在却是骇人的场景。四处都刮着狂风，穿透大地的每一个角落、每一个缝隙。而一种更猛烈的怒火正在一个人心中燃起。随着一阵刺耳的声音，尖牙的蝙蝠拍打着翅膀飞出窗外。

“我是魔邪之女王，无人能敌。”有一个人朝着天空怒气冲冲地喊道。称其为“人”并不合适，因为它缺少人类所有的情感，但因为找不到适合描述这种生物的其他词，我们就叫她“黑魔法女巫”吧。她怒气冲冲地撕抓着稀薄的空气，手如枯柴，指甲细长。

“我的女儿欧奈儿因你而死，你要付出代价。公主，你一定要付出代价！”她说道。眼中怒气如此强烈，胜过那天空中的闪电。“我会有办法的。”女巫宣布。最后一只蝙蝠扑腾着翅膀，飞入怪异、恐怖的夜空。

现在，让我们走出这不为人知的土地，离开这可怕的一幕，走进另一个完全不同的世界，那里有微笑的阳光、甘甜的碧草。

2

一片残若艳阳的树叶，慢慢地从树上坠落，落入大地的怀抱。许多歌鸟开始打点行李，为它们一年一度的迁徙做准备。花儿慢慢枯萎，大地准备迎接生命的种子。一双蓝若宝石般的眼睛被这壮观的美景吸引。

“如此奇妙的大自然，它的美丽无与伦比。”一个女子欣赏着卧室窗外的风景，说道。她是一个举止优雅、极具魅力的女子。

“大自然令人向往，但有一个人，她是大自然里最美的玫瑰。”一个英俊的男子看着她的眼睛说道，“就是你，我的公主，你是我的爱人，我的阳光。”

这一对爱侣继续注视着窗外，但一声婴儿的啼哭打断了他们。那女子赶紧来到婴儿身边，抱起她说：“爱泽拉小公主也喜欢享受这景色呀。”

“维多夫王子和索菲娅公主殿下，凯西亚国王要见你们。”门外传来他们忠实的女仆的声音。索菲娅公主轻轻地把婴儿放回摇床，打开门，回答道：“我们这就去。谢谢你，埃斯特。”

这对王室夫妇穿过宽阔的走廊，来到国王的卧室。国王热情地迎接他们，眼中充满慈爱，仿佛他们已有一年未见。实际上，那天早晨，他们还在一起下过棋呢。

“亲爱的父王，有什么事吗？”维多夫王子深深鞠了一躬，问道。

“我刚收到了一条来自远方的消息。一个从德弗伦国来的人想见你。”国王转向索菲娅公主说，“她听说了你的魔法和力量，她想认识你。”索菲娅公主因她所拥有的魔法礼物而闻名，

包括神奇的白鸽和她女儿的头发。可是，她所拥有的超越世间一切力量的魔法，是她的仁慈和关爱。她把这些给予他人，不论是穷人还是陌生人。无论她在哪，她那迷人的微笑总能带来阳光。自从她来到米特利斯塔国，这儿的一切越来越生机勃勃。

夫妇俩交换了一下惊奇的眼神，接着他们询问了这个人的情况。

国王回答："她的名字叫玛洛文斯。"他们都没听说过这个人。国王又补充道："她明天中午到。"

那天晚上，索菲娅公主一边欣赏着银白色的月亮，一边想着明天她将接待的拜访者。尽管有关她勇敢营救的故事传了很远，但一个来自陌生国度的拜访者特地来看她，这还是第一次呢。她一边梳着长长的波浪般的金发，一边唱着动听的歌。歌词是这样的：

"月光女神，你有着长长的银发，你是如此迷人
每夜那银发瀑布似的落入我的窗
在空气中轻柔歌唱
当我入睡时，它吻着我的前额
我兴奋地等待直到这一刻
你，月光女神，是我的命运和每夜的希望……"

索菲娅公主动听的歌声飘荡着，从宫殿传到山谷，回荡在树间，迷住了道路上的所有聆听者。

当城堡里和村庄中的居民都进入梦乡时，一切是那么的安静。小山丘笼罩在朦胧闪烁的月光之中。聪慧的猫头鹰睁着大眼睛，明天太阳升起的时候会发生什么，只有它们知道。

3

懒洋洋的太阳还未从地平线上升起，索菲娅公主已经醒了，她觉得有什么不对劲，一些东西让人感觉不对头。当她眺望窗外时，她意识到是什么困扰她了，是沉寂。空气中没有叽叽喳喳的鸟鸣。尽管许多鸟都飞走过冬去了，但还有一些留下来了，可现在却不见一只鸟。一种担心向她袭来。

索菲娅公主依然保持着快乐的心情，打算挑出最漂亮的衣服，以迎接新的一天的开始。她决定这天穿上她的丝绸裙子。那飘逸的蓝色长裙，衬托出她那双碧蓝的眼睛和丰满匀称的身材。她把头发编成辫子，高高地盘在头上，只留了几绺垂下，迷人的笑容映在镜子里。

金黄色的太阳缓慢地向西移动，但厚厚的灰色云层几乎完全罩住了阳光。就快中午了，可还是听不到一点来自大自然的生命之音。

王室成员一边下棋一边等待。“哦，真是充满挑战的一天。公主，和一个像你这样强的棋手下棋，我的技艺会越变越好。”国王愉快地笑着。所有人都知道，无论和谁下棋，索菲娅公主总是赢。但是凯西亚国王即使输掉也很有风度，他从来不说一句丧气的话，而总是愉快地开玩笑。

正殿的敲门声打断了他们的谈话，一位信使带着一封短笺出现了。“陛下，玛洛文斯来了。”他低身鞠躬说道。国王批准后，玛洛文斯被带了进来。她的长相非常古怪，小小的、黑亮的眼睛像是缝在她的脸上，黑发凌乱，似乎刚从狂风中来。但她的穿着十分考究：身着丝绒服装，脚穿闪亮的皮鞋，外罩一件大披风。尽管她着力装扮，但目光仅仅停留在她身上一秒，就会让人觉得不舒服。

索菲娅公主走到她跟前，热情地问候她。玛洛文斯屈膝，礼貌地应道：“见到殿下，是我梦寐以求的，感谢上帝给我这个机会。”

索菲娅公主的脸慢慢地红了：“认识你很高兴。”她指着为玛洛文斯准备的摆满茶点的桌子，说：“请用茶点。”

玛洛文斯摇摇头：“哦，请接受我卑微的谢绝。对我这低下的胃口来说，您的食物太丰盛了。”她把皱巴巴的手放到公主手臂上，捏住她的胳膊。

“但是我们还是想请你……”国王执意道。

玛洛文斯依然谢绝，然后从她的披风里拿出一些鲜花，说：“我从自己的花园里摘了一些花。请接受这寒碜的礼物……我们家族大却贫穷，为了这次机会，我花了很多精力。”玛洛文斯递上一束非常美丽的花。很令人惊讶，这么丑陋的人的花园里，竟然能长出这样美丽的鲜花。索菲娅公主犹豫着，最后还是在玛洛文斯的一再坚持下，接受了鲜花。她从不想收任何礼物，尤其是来自穷苦人的，因为她不想加重他们的生活负担。

想都没想，索菲娅公主闻了闻手里的花。突然，她扔下花，双手抱头，痛苦地呻吟着，摔倒在地。就在这时，玛洛文斯发出刺耳的笑声，一句话也没说，就消失在薄薄的空气中，留下可怕的死亡气息。

所有旁观者都奔向倒地的公主，但一切都迟了，现在什么也帮不了她了。顷刻间，所有人都泪如雨下。

“等等！她在动！”维多夫王子叫道，眼中充满希望。人们慌忙擦去眼泪，靠近去看公主。女巫的邪恶计划，没像她想的那样奏效，她没能杀死索菲娅公主，只是让她得了重病。玛洛文斯的邪恶咒语还没强大到能战胜善良，因此索菲娅公主还活着。

仆人把索菲娅公主送回卧室，放到柔软的床上。她双手抱头，凯西亚国王和维多夫王子看出她很痛苦。侍女们来来回回地跑，尝试着帮她减轻一些痛苦，但没有用。凯西亚国王想把爱泽拉的福气传给病重的公主，使她恢复健康，但是光芒进不了她的眼睛，甚至魔法植物也无法奏效！一定有可以打破女巫咒语的方法，但是这种治愈的力量藏在什么神秘的地方呢？是在无人敢去冒险探寻的海底，还是在一个遥远的、不可征服的地区？

痛苦之中，索菲娅公主渐渐地睡着了。当她沉睡的时候，仆人围在她的床边，维多夫王子握着她的小手。获知消息的所有生物，不论天上的，还是地上的，都挤在窗口，疼爱地看着公主，默默地祈祷，悲痛的氛围里掺杂着柳树的抽泣。什么样的恶魔会有这样的行径啊？

4

回到她的黑暗之邦，玛洛文斯狂笑着，笑声震得墙壁直晃。“最终世界上还是我的法力最强大。”正当最后一个字从她灰白的唇间蹦出时，一只眨着眼睛的蝙蝠飞到她面前。

“错了，她还活着。”

“你竟敢对法力最强的人撒谎！”她抓住蝙蝠尖叫道。

“我，眼观八方的蝙蝠，能看到很广很远的地方，看得清每一个真相。”这是一只曾被玛洛文斯赋予魔力的褐色蝙蝠，它可以洞察万事，因为玛洛文斯希望不用亲自施法，就能时刻知道所有事情。得知公主没死，玛洛文斯发出一声惨叫。

“但是，她病了。”蝙蝠低声说。

听到这话，女巫残酷地笑了：“我明白了。比起死亡，病痛更能折磨人。”她更放肆地笑着，震得墙上的一些石头掉了下来。“这很好，太好了。”玛洛文斯说。

当她的笑声穿过德弗伦，上达云霄、下至深海时，米特利斯塔正聚满了为公主祈祷的人。当公主病重的消息传遍王国时，整个国土之上被悲伤笼罩，但到诺可塞利亚国界，消息就停止传播了。因为大家都知道，如果公主的父亲弗拉申国王听到这个消息，一定会陷入巨大的痛苦之中。但忧虑也是没用的，因此没有人把这个不幸告诉他。

村民们还抱有一线希望，认为索菲娅公主也许能得救。每天晚上，所有村民都会跪在他们自己的床前，心情沉重地为公主祈祷，一些人甚至愿意牺牲自己的生命来换取公主的生命。看似所有的祈福都是徒劳，但果真这样吗？

一个沉寂的夜晚，没有月亮，索菲娅公主在睡梦中焦躁地呓语。维多夫王子靠近她，在她的呻吟中捕捉到只言片语。

“树……生命……树。杀了她，玛洛文斯。液体……救……”

他吃惊地听着她的话。这仅仅是个梦，还是希望之语啊！他愿意做生命中的任何事情来救他的公主。如果能再见到她的笑容，他会多么幸福。他愿意为她摘星星，杀死海洋中凶残的怪兽，击败火山神。毫不犹豫，他去翻找魔戒，然后戴上戒指，准备去找玛洛文斯，并杀了她。如何才能杀了她，他不清楚，但是他的心引导他跟着直觉走。突然，在黑暗之中，他看到了一个白色的东西移向他这边。等它飞近时，他认出了是白鸽。这时，无限希望传遍他的全身。他一声吆喝，白马驮着他飞奔德弗伦国而去。

5

灰色的云慢慢分开，银色的月亮发出朦胧的光辉，照在山谷上。树梢笼罩在月光之中，就像披上了一层雪毯。秃鹰盘旋在不知名的尸体上空，猫头鹰在远处鸣叫。可以听到翅膀扑腾的声音，但那是什么样的夜生灵却难以辨别。强健的马蹄重重地踏在褐色枯叶覆盖着的尘土上。一条蛇在蜿蜒而行。

维多夫王子感觉到戒指的温度，他知道他走对了。

王子策马穿过一排排的空心树。他连续跑了数小时，一步也不停歇。他的爱人正等着他回去救她。他来到一处满是山丘的贫瘠之地，那些山丘连绵起伏，向四周延展。他敏锐的眼睛注意到远处的山上有稀薄的烟，便放慢速度，策马小跑过去。快接近时，他从马背上下来，把马牢牢地拴在一棵树上，然后小心翼翼地朝着冒烟的地方走去。眼前出现一座宏伟的建筑，应该是座城堡，但又不能完全称作是城堡，它歪向一侧，一些石头已经脱落了，还剩一堵围墙支撑着。他敏捷地走到洞边，一块松动的石头滚到地上。门打开了，王子迅速闪进门里。

“你怎么敢让这样的消息从我眼前溜走！”女巫朝褐色蝙蝠叫道。

“所有的蝙蝠都要休息。”

“你这个浑蛋！”

忙于争吵，他们开始都没注意到王子从后面进来了。还是感觉灵敏的蝙蝠先听到了王子的脚步声：“他来了！”

王子扑向女巫，但和这个狡猾的家伙相比，他还不够快。女巫突然间变成了一条巨大的黑蛇。王子怀着希望，毫不畏惧，毅然站到蛇的面前，拔出长剑。

“你这个傻瓜。”蛇发出嘶嘶声。

“我来挽救公主的性命。”

他听到一声冷笑。正在僵持对抗时，白鸽悄悄地飞过头顶，飞到蛇的身后，扑腾着翅膀，抖落下来一些羽毛，这些羽毛落地后立刻变成一个个英勇的骑士。

蛇把头转向身后剑声传来的方向。“你竟敢在我面前用魔法！”她嘶嘶地叫着，吐出长长的舌头，犹如一条鞭子，一下子窜到军队前，企图一口吞掉勇士。但是无论她如何疯狂地咬，都没有一个勇士受伤。看到攻击无效，她异常愤怒，以至忘了王子的存在。

趁她分心，维多夫王子估算着时机，猛地把剑向她刺过去。她还没来得及反应过来发生了什么，剑已刺入了她的心脏。

“啊！”她发出最后一次狂叫，长长的身体剧烈地扭动着，盘曲在地上。

慢慢地，她倒在地上，绿色的血液从伤口中喷出。最终，女巫被击败，彻底死了。

血一滴到地面，奇迹发生了。维多夫王子睁大眼睛，看到一棵绿芽从地面冒出，伸向天空。这时地平线上出现了粉红和蓝紫的色彩，天亮了。

小绿芽在寒冷的雪暴中成长着，速度之快，犹如雪鹰捕猎，仅仅几分钟，就长成一棵树。树的枝丫伸向天空，茂密的绿叶闪闪发亮。王子瞪大眼睛看着，树上盛开的鲜花慢慢长出了美丽的果实，仿佛是任何国王都没见过的最令人目眩的宝石。等树枝完全伸展开来，上面挂着不计其数的果子。维多夫王子小心走上前。

“这是真的，这是公主的梦。她有救了。”他高兴得流下了欢乐的泪水，满怀对上帝默默的感激之情。他迅速从树上摘下一些果子，小心地把它们包裹在红色的披风里，准备回到正等待着他的公主身边。

天亮了，他骑着马，沐浴在和煦的阳光之中，腋下夹着那些果子，脸上露出笑容。一群蝴蝶在他的头顶上下翩跹，给他带来一股惬意的微风，白鸽则紧紧跟在后面。

6

阳光射进屋里，光亮包围了索菲娅。她那蓝宝石般的眼睛睁开了，立刻，柔和的笑意爬上了她的唇边："维多夫王子，我……我感觉好多了。"

握着她的手，维多夫王子说："我的公主，是你的梦救了你。"他向她讲述了整个历险经历。想到他为了救自己勇敢地与巨蟒搏斗的骇人场面，她既惊讶又骄傲。

维多夫王子营救成功的消息传开后，举国欢庆。这次，消息传到了弗拉申国王的诺可塞利亚国。听到消息后，弗拉申国王如离弦之箭，飞快地赶到了米特利斯塔，还带来了他们喜爱的鹦鹉罗里可斯。弗拉申国王十分感激救了他心爱女儿的维多夫王子。他们举办了盛大的宴会和舞会。

"哦，这是幸福的真正滋味！"凯西亚国王感慨道，身后伴着巨大的欢呼声。

庆祝活动十分隆重，欢乐的声音清晰地穿过山谷，穿过树梢，直至海底。火一般的太阳在湛蓝纯净的天空中升起，白云轻盈地飘浮在空中。白棉花似的云层中，鸽子四处飞翔，从云的一端到另一端，搭起了双层的彩虹。叽叽喳喳的鸟儿又开始歌唱了。鸟儿们回来了，比以前更喜气洋洋，一切都更生机勃勃。

当欢乐的山谷在举行庆祝活动时，那只褐色的小蝙蝠倒挂在黑暗的洞穴中，享受着自己的小盛宴——它钟爱的美味昆虫，傻傻的笑容点亮了它毛茸茸的身体。女巫死了，它暗自高兴，因为它终于自由了。

王国的历史里又记载了一个有美满结局的战斗故事。故事到这里结束，欢歌笑语慢慢地消失在远处，我们离开了这幸福的场景。

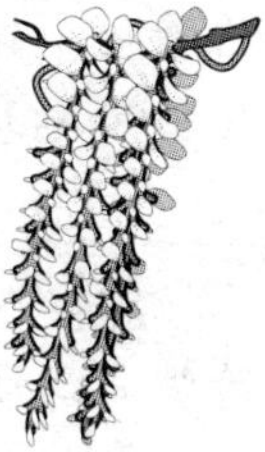

别后重聚

1

一个绿色的小脑袋慢慢地破土而出，呼吸着新世界的第一口新鲜空气，发出了无声的生命呐喊。它头顶上空树枝的最后一根冰凌上，落下一滴晶莹的水珠，正好打在它的小脑袋上。一片娇嫩的叶子急切地向它的观众们——蓝天和大地——挥手致意，为它的新生激动不已。红日轻轻吻着地平线，春天在米特利斯塔降临了。

鸟儿们也飞回来了，到处都是快乐的歌声。它们中有的带回了伴侣，给家族增添了新成员。当明媚的阳光照在村庄里每家每户的窗户上时，人们开始睁开惺忪的睡眼。有的人为新的一天的到来而微笑；有的人则一想到又是一天辛苦的劳作，不禁嘟哝了几声。村子里的所有居民（摇篮里熟睡的宝宝除外）迎接清晨的到来的时候，住在城堡里的人也起床了。

“多么可爱、多么美好的清晨啊！”一位容貌秀丽、热爱自然万物的女孩赞叹道。此时，她正倚在王宫的窗户旁欣赏外边的风景，窗帘被拉到了一边。

“是啊，我的公主。”她旁边的伴侣应声道。他满怀爱意地抱着一个仅仅两岁的小宝宝——爱泽拉公主。小公主高兴地发出了婴儿特有的叫声，维多夫王子和索菲娅公主会心一笑。

“不知道今天有什么在等着我们。”公主思考着，说道。

“这个嘛，不久我们便会知道。和你一起，每天都是一次探险哦。”王子笑着说。这话确实不假，和他俩的父王一样，他们已一起经历了很多次冒险。他们勇敢的历险故事和最后取得的令人欢欣鼓舞的胜利不仅在诺可塞利亚和米特利斯塔家喻户晓，甚至在周边的国家里也是妇孺皆知。

2

“早上好，殿下，希望你们度过了一个愉快的夜晚！”他们都很喜欢的女仆埃斯特向他俩打招呼。就在他们说话的时候，国王走进了这豪华的房间。

王子看到国王疲惫的双眼，不禁有点担心，问道：“亲爱的父王，您昨晚睡得还好吗？”

凯西亚国王开怀地笑着说：“儿子啊，我老啦。对于我这个年纪的人来说，晚上算是睡得很好了。”凯西亚国王器宇不凡，眼睛散发出刚毅的光芒，唇角透露出坚定的神情，就算他摘下镶有珠宝的王冠、脱去高贵华丽的服饰，看起来仍有王者之风。但是正如维多夫王子注意到的那样，凯西亚国王的眼睛少了一些往常的活力。王子夫妇俩露出关心的神色，国王安慰他们道：“你们就放心吧，我没事！”

他们坐下来享受早餐。餐桌上摆列着各种各样令人垂涎三尺的菜肴。从暖神汤、各种面包到涂有精制酱汁、配有各色香料的深海之鱼，一切应有尽有。

突然，王宫的正门传来了一阵敲门声。凯西亚国王下令把门打开。一个信使走了进来，手里握着一封信。他把信上呈给了等待中的国王，所有人都注意到国王的神情由一开始的好奇转变成高兴。

“啊，弗拉申国王想见我们一家！”看完信后，国王宣布。听到这个消息，王子和公主对视了一下，都异常开心，但是又不免有些疑虑，似乎是什么很重要的事情发生了，通常总是弗拉申国王来看他们的呀！但这次也可能只是弗拉申国王想在他的城堡里接待他们，要知道从他们上次去诺可塞利亚王国到现在已经有好长时间了。考虑一会儿后，他们觉得这是一个不错的计划，于是不再担心什么了，大家都很高兴。

“我们午时出发。”凯西亚国王说道。他们三个都很急切地盼望着和弗拉申国王的重逢。

离动身还早，这个王室家庭决定用唱歌和弹奏动人的音乐来打发时间。轮到索菲娅公主唱了，每个人都很渴望地等待着，她拥有世上最醉人的歌喉。她走到金竖琴旁，轻启朱唇：

“眼前这美丽的彩虹正朝我微笑，
耳畔那小鸟叽叽喳喳快乐歌唱，
灿烂的太阳暖暖亲吻我的头发，
眼花缭乱的花之芬芳沁人心脾，
唇上的甘露令我陶醉其中，
大千世界，多么五彩缤纷！
如此美丽和谐的地方啊。”

她那天籁般动听的歌声飘荡在整个宽敞的大厅里，又飘出窗外，飘出王国，飘过那片森林。它仿佛一种罕有的幽香，渗透到每一处缝隙，每一个角落，使所经之处的万事万物都沉浸在醉人的气氛中。

突然，索菲娅公主停了下来，站起身，听众们吃惊不小，不

禁紧张起来。“我只是突然想到了什么，请原谅。”她迅速地登上蜿蜒的楼梯，走进自己的房间。国王和王子交换了几次眼神，他们环视大厅，似乎要从家具或是高高挂在天花板上的枝型吊灯里找出答案。

公主下楼时眼神很奇怪。王子上下打量着她，眼光落在她的小手上。

“我需要带上我的戒指，直觉告诉我要这么做。”公主解释道，“这是一个突然的念头，我也无法解释。”

国王和王子都理解她，索菲娅公主经常跟着她的直觉走，而这些直觉在以前的探险中帮了她不少忙。

“埃斯特，照顾好爱泽拉公主。”索菲娅公主吩咐道，“恐怕这次旅行对小孩来说不安全，可能会遇上很多危险，而且路途遥远。”

然后他们兴奋地整装出发了，奔向诺可塞利亚的土地和等待中的弗拉申国王。

3

马儿一路奔跑，强健有力的马蹄把一些石子踏得粉碎。公主骑在她的黑骏马上，路边的美景尽收眼底。到处弥漫着春天的气息，树木开始换上绿色的新装。鸟儿们成群结队，在树上纷纷筑起一个个新巢。

这群赶路的人没有注意到，在他们头上的高空中，有一个白色的东西拍打着翅膀，静静地飞着。它的翅膀给他们送来阵阵微风，夹杂着路边野花的芬芳。

可是在他们行进的过程中，云层慢慢地出现，一寸一寸地渐渐遮住了太阳的光芒。他们来到了一片树木繁多的森林，树上的叶子还没有完全长出来。

“这里好安静啊。”王子诧异地说道。没有一点儿鸟声，好像鸟儿们都被突然抓走关起来了一样。

突然，走在最前面的凯西亚国王的马停住了，悲鸣了一声。凯西亚国王吆喝了几声，但它还是不肯往前走，其他的马也一样。

“难道出了什么事？”他们嘴里不断重复着这样的问题。此刻，太阳完全被云层吞没了，树木发出鬼一般的号叫。

“啊！”索菲娅公主突然发出惊恐的叫声。几十名骑着马的武士正从四面八方涌来，迅速包围了他们。

“劫匪！”凯西亚国王十分震惊。

“是的，陛下！”空中传来一个嘲笑的声音，一个肥壮的男人出现在队伍中间，“你们难道不喜欢我们千辛万苦为你们准备的惊喜吗？”

“谁竟如此大胆？”凯西亚国王盘问。但得到的回答只是一阵粗狂、嘲弄、得意的笑声。

“我们不和你废话。那个公主该为我儿子的死付出代价。我的儿子，我王位的唯一继承人。”那个人往前迈近，但是他们都不认识他。

他的儿子？索菲娅公主思索着。回顾她这几年的风风雨雨，她终于想起来这个男人是谁。他是洛劳克斯王子的父王。洛劳克斯曾想侵占弗拉申国王的领地，蓄意谋划了一场袭击，但索菲娅把她的父王从死神那里救了出来。

“您的儿子犯下了滔天大罪，他的死是罪有应得。”公主说道，蓝色的眼睛中看不出丝毫畏惧。

听了这话，那群武士的首领，帕萨尼米亚国王，用剑猛地向前一指，肥胖的大圆脸气得比天空中最亮的星星还要亮，白色的头发在风中狂舞。“进攻！”他命令他的武士。索菲娅公主向

上帝祷告,现在只有他可以拯救他们了。他们无助地看着武士一步步逼近。

突然,索菲娅公主注意到一些白色的东西把他们的马团团围住,像是一层薄薄的雪,并慢慢地开始变化形状。事实上,这些是天上那只白鸽身上掉下来的羽毛,但地上的这些人并不知道。白鸽的羽毛变化成几百名神勇的武士和上百匹战马,保护着这三位王室成员,阻止了敌人进攻。他们得救了!

邪恶的军队停止了行进,被救的三个人简直不敢相信自己的眼睛。疯狂的帕萨尼米亚国王对这奇迹般的一幕毫不理会,仍下令进攻。但是,就像发生在洛劳克斯王子身上的一样,这群拥有精湛剑术的神勇武士,在这场正义与邪恶的斗争中,轻易地击败了敌军。地上堆积着一具具尸体,这时刮起一阵强风,把那些尸体和仍顽固抵抗的敌人一同卷到很远的地方去了。现在,轮到索菲娅公主吃惊了。

维多夫王子腼腆地笑着,拿出手中的海贝壳,说道:"我感觉到需要带上这个。就是这个海贝壳带来了刚才那阵强风。这下,索菲娅的戒指没能派上用场了。"所有人都不禁笑起来,好像刚刚经历的可怕的一幕不曾发生一样。索菲娅公主抬起头,看着盘旋在空中的那只白鸽微笑。然后,他们继续豪迈地前行。

4

"我们终于到了。"索菲娅公主欢呼起来。从她那迷人的嗓音中可以听得出她非常开心。三人下马,把马拴到树上,然后走进了城堡。

"我的宝贝女儿,多么令人惊喜啊!"弗拉申国王看到索菲娅公主出现在眼前，激动地说道。父女俩深情地拥抱了很长时间后，弗拉申国王这才看见了另外两个人。“哦，多么美好的一天啊！来，快请进，快请进！”他张开双臂，热情欢迎他们。

他们被引领到宏伟的石头城堡里，地上铺的是磨光的大理石板，照明用的是做工精巧、形色各异的蜡烛。在房间的一角，他们珍爱的鹦鹉罗里可斯正站在一个柔软的椅子扶手上，非常兴奋地欢迎他们的到来。

“很高兴见到你们！很高兴见到你们！索菲娅公主，还有大家。”它大声叫道，拍打着亮丽的翅膀。索菲娅公主走过去，满怀爱意地拍拍它。看够了罗里可斯之后，她转向弗拉申国王，仔细地瞧了瞧她深爱着的父王。他那慈祥的脸上多了几分岁月的沧桑，眼睛里露出和凯西亚国王相似的疲惫。

看到女儿眉头紧锁，弗拉申国王摆了摆手，说道：“哦，不用担心什么，这仅仅是因为我上了年纪。”他和凯西亚国王对视了几眼，接着非常好奇地询问道：“是什么风把你们吹到这里来了？”索菲娅公主这才叙述了事情的经过。弗拉申国王听完后吓了一跳。原来帕萨尼米亚国王冒充自己，写信邀请他们三位到诺可塞利亚，使他们掉入陷阱，确实很狡诈。但是弗拉申国王知道，索菲娅公主总是能受到上帝的庇佑。

“好，看来一切都很顺利。”弗拉申国王转向凯西亚说道，“事实上我有些事想要和您商量。”王子和公主知道他们想单独谈谈，于是径自离开，留下他们二人。

王子和公主回来后，弗拉申国王向他们简要复述了谈话的内容：“在我们死后，我们的国土将会合二为一，由你们——我们诚实而正直的继承人统治。”弗拉申国王骄傲地看着这对夫妇。

小两口目瞪口呆地望着对方，有些不知所措，既惊讶又开心。但是一想到他们的父王会永远离开他们，一股强烈的悲伤之情接踵而至。他们知道，地球上的每一个生物都会有结束生命的一天，这是不可避免的。但一开始规划未来，所有人又容光焕发，脸上现出祥和满足的表情，因为未来会给他们带来更多的友爱和探险。

“可是帕萨尼米亚的王国怎么办呢？没有治理国家的继承人了。”维多夫王子突然说道。为了找到一个好的解决办法，他们想了很长时间。

经过慎重的考虑，弗拉申国王说道：“我将努力在那片土地上找出一个合适的人选来治理国家，还可以考虑合并国家。”

5

黄、红、蓝等各色的蝴蝶飞来飞去，迎接新一天的到来。它们轻快地掠过草丛，飞过树林。一只黄中带有黑色斑点的蝴蝶，飞向一间小而舒适的村舍，落在窗台上，观察着屋内的动静。

一位拥有檀木般乌黑秀发、娇巧玲珑的美丽女孩正坐在房间的一角，缝制着看上去是上等丝绸质地的裙子。她一边灵巧地飞针走线，一边哼着甜美的小曲。陪同蝴蝶一起窥视的，还有一只黄色的松鼠。它棕色的小眼睛好奇地跟着女孩的手上上下下、来来去去。女孩丝毫没有注意到小动物们正看着自己。裙子完工之后，她仔细检查了一下，然后站起身，把它放到一把椅子上。她的秀发如瀑布一般倾泻而下，快要够着脚了。尽管她的鞋不大合脚，身上的衣裙已多处缝补，但依然魅力四射，楚楚动人。看到自己的作品完美无瑕，她的明眸露出抑制不住的喜悦。

“哦，它能换来很多面包。”她高兴地说道，拍着精巧、纤细的双手。

“莉莉，孩子，你做完了吗?”一扇门后传来一个虚弱的声音。

“是的，妈妈。”她回答道。

一个上了年纪的女人步履蹒跚、很吃力地走了进来。莉莉赶忙上前去搀扶她。“哦，亲爱的，这太漂亮了!”女人赞叹道。她伸出颤抖的双手，去触摸质地良好的蓝色织物和精心设计的绣花，满是皱纹的眼角荡起了舒心的微笑。

“我要走了，去把它送给伯爵夫人。”

“亲爱的孩子，先休息一会，你已经熬了整整一个晚上。”

这个女孩实际上已经年近三十。她摇摇头，轻轻地打了个哈欠。尽管生活困窘，她需要辛勤劳作，但她的外表依然青春美丽，内心的美好善良让她的容貌始终保持姣好。

帮助母亲舒服地躺下之后，她走了出去。蝴蝶和松鼠也离开了，紧紧地跟在她的后边。

火红的太阳普照大地，用光明赶走每一处黑暗。空中盘旋着很多鸟儿，鸟妈妈们在忙着孵蛋。

“新的一天，新的奇遇。”维多夫王子对公主说道。索菲娅公主的嘴角露出一丝微笑，以示回答。

“好吧，我们出发吧。”弗拉申国王说道。接着他们便向帕萨尼米亚曾统治过的霍尔斯坦进发。

街上的人群熙熙攘攘，人们的生活正常继续。一些商人驾着马车，整装待发去做生意，留下妻子在家守候。孩子们到处跑来跑去，稍不留神便会被强有力的马蹄碾过，酿成悲剧。

走了一会，索菲娅公主指向一个黑发姑娘说:“她似乎有什么麻烦。”这一行人赶紧走了过去。

“住手! 离我远点。”姑娘嚷道，试图挣脱掉一个男人紧紧抓住自己胳膊的手。

“像你这么漂亮的姑娘独自在街上干什么呢?”男人讪笑道,眼睛眯成了一条缝。突然,他被一双强壮的手推开了。像是一头公牛,他立马转身看看是谁有这么大的胆子,他的目光正好与维多夫王子的相遇。

“离她远点!”王子命令道,并抽出了剑。看出对手显赫的身份,还有那把危及性命的剑,那个男人二话不说就跑走了。王子摇摇头。凯西亚国王弯下腰,扶那个少女站了起来。

“哦,上帝保佑你们所有人!我该如何报答你们呢?”她的眼中溢满了感激的泪水。等泪水止住后,她才注意到救命恩人的服饰。“哦,我的天啊,参见陛下、殿下!”她连忙下跪。弗拉中国王和索菲娅公主的故事早就传到他们村了。

“快快请起!”索菲娅公主有些不好意思,脸上泛起了红晕。

“请问你们就是弗拉中国王和索菲娅公主吗?”

他俩都微笑着点点头。

“哦,见到殿下,是我一直梦寐以求的。”她惊呼道。发现自己的衣裙被扯破了,她害羞地用手中的丝绸裙把自己裹住。蓝色的丝绸裙也被扯破了,还被泥巴给弄脏了,她的眼泪不禁夺眶而出。

看出她好像有什么烦心事,索菲娅公主说道:“让我们帮助你吧,我可以帮你把这条裙子缝好。”

“哦,您真好,不胜感激。但是我不能接受您的帮助。”

“怎能这么说呢,我们很高兴能帮助你,小姐……”维多夫王子坚持道。

“哦,我真傻!我还没自我介绍呢。我叫莉莉,我的家就住在那些房子附近。”她指向南边。

“我和我亲爱的、多病的母亲住在一个小房子里。”她接着告诉他们,她是一名女裁缝,刚才正要把这条裙子送去给伯爵夫人。

国王一行坚持把她送回家，为她提供所需之物，并想送几袋金子给她。在他们的强烈要求下，莉莉最终决定接受他们的好意，于是他们一起向她家走去。

6

太阳下山了，那两个小东西仍然饶有兴趣地观看着这发生的一幕幕。小屋的门打开了。

“妈妈，我回来了！”莉莉喊道。

“亲爱的，你回来了可真好！”她的妈妈在里面的那个房间回答道。

莉莉进去扶她的母亲出来，国王一行则在外面等候。“可怜的人啊！”索菲娅公主惊叹道。他们环视屋子，只看见一张小桌子和两把椅子，其中一把椅子的腿坏了，歪立在那里。这样一朵娇嫩的玫瑰竟然会生活在这样一个破败的地方！

“啊，孩子，好像有客人吧！”为了看得更清楚一点，她的妈妈眯起了眼睛。“我的天啊！”当她看清来者后，惊讶得说不出一句话来。她想行屈膝礼，但是关节炎使得她的腿弯曲不了。索菲娅公主优雅地向她行了一个屈膝礼，其他三个人很有绅士风度地向她鞠躬致意。这一对可怜的母女异常高兴，从来都不曾想过会有贵族光临她们的寒舍，更别提是这么善良的贵族了，尤其还受到他们的礼遇，更让她们觉得承受不起。

母女二人邀请王室成员坐在仅有的两把椅子上，但他们坚持让她俩坐，然后像亲人般和她俩交谈起来。

“我听说过已死的洛劳克斯王子的可恶行径。”莉莉的母亲吉利安夫人说道，“帕萨尼米亚国王不仅残暴，而且贪婪。在他的统治下，百业荒废。他和他的官员们想方设法榨取我们老百姓的血汗，连一个子儿也不放过。”

“您不用再担心了。”索菲娅公主说道。他们告诉吉利安夫人和莉莉帕萨尼米亚国王的把戏和他们被白鸽、海贝壳拯救的故事，以及要在这片土地上寻找一位仁慈统治者的计划。听到这个时，吉利安夫人的眼神有些奇怪，似有心事，人也开始变得沉默起来。他们随即发现吉利安夫人双手紧握，双目紧闭。

“妈妈，你怎么了？”女儿不安地问道。

“莉莉，我从来都没有告诉过你这个……但是我想，是该让你知道真相的时候了。”这个体弱的妇人缓慢但强有力地将一个故事娓娓道来。闻者都很震惊，尤其是莉莉更是惊呆了。

“帕萨尼米亚国王第一个孩子是个女儿，但他想把自己的王位传给一个男孩，于是残忍地下令将这个刚出生的小女婴立即处死。但是助产的宫女不愿伤害这个小女婴，于是找了一个小动物的尸体烧了，送到邪恶的国王面前。国王将烧得面目全非的小动物当成女婴，感到很满意。王后以为她的孩子已经死了，悲痛了好几年，直到洛劳克斯王子出生，她心底的哀伤才减轻了一些。那个宫女把女婴视为己出，全身心地爱着她。她心里明白，这个女孩是货真价实的公主，也是王位的合法继承人。”

当说出最后一句话时，吉利安夫人已泪流不止。

立刻，屋里的所有人在莉莉的面前鞠躬致意道：“莉莉女王陛下。”

莉莉心想，这不可能是真的。她从来都没想过自己会是一个女王。没错，像其他年轻的女孩一样，她也曾幻想过自己是一个公主，住在宏伟、豪华的城堡里，过着奢华的生活。此时，她感觉自己置身云端，他们把她带到了一个仙境吗？

“既然这样，我们应该抓紧时间，让莉莉女王尽快登基。”索菲娅公主说道，望着她的父王，希望得到认同。弗拉申国王点头表示同意。吉利安夫人充满爱意地看着新女王，微笑中苦乐参半。莉莉女王明白吉利安夫人的心思，宣布道："在我心里你永远是我亲爱的妈妈。我们将永不分离。你要陪我一起住在城堡里，这是女王的命令哦。"所有人都笑起来，吉利安夫人笑得最开心。莉莉的言辞俨然像一个真正的女王了。

得知真正的身份，莉莉女王虽然很高兴，但仍没有忘记她当前的职责："我必须马上把这条裙子补好，然后送给伯爵夫人。"

7

那个特别的傍晚，正当疲倦的太阳要回家休息的时候，一群快乐的人们正赶往霍尔斯坦王宫。似乎世界上各个角落的鸟儿都聚集到了这里，发出清脆嘹亮的唧唧喳喳声，打断了繁忙街道上人们之间的谈话。目睹了整个振奋人心事件过程的小松鼠和蝴蝶，向动物王国传播了这个伟大的消息。城堡前聚集了成千上万只蝴蝶，还有很多毛茸茸的松鼠，拖着大大的、刷子般的尾巴跳来跳去，有的跳到女人的头上，吓得她们尖叫；有的在树枝间荡来荡去。孩子们指着眼前的滑稽场景，咯咯地笑起来，有些孩子还开心地追赶着调皮的松鼠。仿佛为了使一切显得更有趣，顽皮的风儿把各种颜色、不同大小的帽子吹得四面八方都是，让帽子的主人们怎么也够不着。

凯西亚国王站到忙乱的人群前面，试图引起他们的注意。"这是你们国家历史上非常重要的一天。"他大声说道，声音洪亮、清晰。所有人都转向他，看见了王冠，朝他下跪。人群中不时有人好奇地偷瞥，很多人都没见过国王，就算见过，随着岁月的流逝，他们也渐渐淡忘了。一些人在心里猜测他可能是凯西亚国王。

凯西亚国王示意让莉莉女王过来，继续道："请遵从你们的女王，莉莉女王！"然后他讲述了事情的经过。等他讲完以后，人们沉默了。慢慢地，人群又开始骚动起来，异常吵闹。

"我们怎么知道这是不是一次叛变？你怎么证明那个女人是真正的女王呢？"人群中的一名男子问道。很多人也跟着质疑起来。

"我们要证据！我们要证据！"他们不断重复着这句话。王室成员试着解释，但是没取得明显的进展。怎样才能让人们相信莉莉女王的真实身份呢？

突然，人们看见明亮、缥缈的天空中飞来一个白色的东西。"莫非是那只白鸽？"索菲娅公主心里想着，整个人因为期待而紧张起来。她知道只要有白鸽出现的地方就会有奇迹出现。

等白鸽飞得更近时，人们注意到它嘴里叼着一封闪闪发光的信函。鸽子飞向凯西亚国王，凯西亚国王接过信件。这封信非同寻常，信纸是半透明的，上面刻着金字。凯西亚国王读着信上的内容，眼睛顿时瞪得老大："女士们、先生们，还有孩子们。你们要证据。好吧，你们不仅会有证据，还会看到上帝的字迹。"

信件在拥挤的人群中传递，人们有幸目睹了信上的文字："接受我的信使——白鸽带给你们的信息，按照全能的上帝要求你们的去做。接受你们眼前的这个女人作为你们国家的女王……莉莉女王。"

等所有人都看完这封信后，信纸变成一道红光消失不见了，人们再也没有质疑，全都跪倒在莉莉女王面前，齐声欢呼道："参见女王陛下！"

莉莉女王和吉利安夫人喜极而泣。维多夫王子、索菲娅公主，还有两个国王，笑着相拥在一起。他们知道，他们成功了，但这都是在万能的上帝的安排之下才得以实现的。

太阳朝着这片土地露出最后的笑容，然后就消失在地平线下。虽然天黑了，但快乐还在延续。天上数以万计的星星眨着眼睛，以示祝贺。松鼠还在投入地庆祝，到处蹦蹦跳跳。蝴蝶和鸟儿们则盘旋在空中，如万花筒般色彩斑斓。

8

太阳慢慢地伸出它圆圆的脑袋窥视万物，迎接又一个美好的早晨，它温柔地亲吻着青翠欲滴的绿草、青山。“昨天是多么的激动人心、令人难忘啊！”索菲娅公主回忆着，眼中闪现出快乐的光芒。

“确实如此！”所有人都热情地响应道。

临近傍晚时，索菲娅公主注意到她的父王脸色苍白，他还朝空中望了几次，嘴里哼着曲儿。但和其他与之身体状况相似的人不一样，他的神情多了份满足和安详，看不出丝毫的悲伤。

那个下午，天空万里无云，他们惬意地坐在宽敞的房间里说笑，时不时窗外传来鸟儿甜美的叫声。凯西亚国王对弗拉中国王说道：“我们必须马上赶回国了，不能再妨碍您料理政务了。”

“瞧您说的，你们的陪伴是我求之不得的。我很享受和你们在一起的时刻。”

“我知道你手头有很多事情要处理。”

弗拉中国王亲切地摇摇头。

“父王说得对，陛下您需要好好休息了，我们明天就启程。”维多夫王子说道。这的确是一次令人难忘的经历，也是他们生命中最惊险的两天。“还有，爱泽拉小公主一定在急切地等待着我们回去呢!”王子补充道。

那天深夜,下了几盘象棋取乐后,大家准备回房睡了,但很不情愿彼此分开,因为他们可能很长时间都不能再聚在一起欢度时光了。最后,他们互道晚安,一一拥别,然后王子夫妇走向卧室,那是索菲娅公主婚前一直居住的房间。

当所有人都闭上眼睛进入甜美的梦乡时,满月慢慢地爬到夜空的最高点。银色的月光洒向整个山谷,在摇曳的花朵和高大的树木上面留下一轮轮光圈。王国的人们继续着美梦,星星们则调皮地相互眨着眼睛。

9

柔和的阳光射进窗户,轻吻熟睡中的公主的金色头发,像是波光粼粼的池塘在月色下一样迷人。索菲娅公主醒来时,一种突然的安谧包裹着她的全身。

“亲爱的,我做了一个梦……他升天了。”索菲娅公主告诉维多夫王子。不同于其他生命逝去的梦境,这次没有悲伤,而是一种祥和和宁静。

在厨房旁边的饭厅就餐时,索菲娅公主发现两个国王都没来。通常弗拉申国王总是第一个起床,凯西亚国王也喜欢早起。王子夫妇开始享用一顿美味却安静的早餐,心事重重。

过了一会儿,仍不见两个国王出来吃早点,他们开始担心了。等吃完最后一口后,他们径直奔向自己父王的卧室。

索菲娅公主轻轻地敲着弗拉申国王的房门。“父王?”没有回应,于是她慢慢地打开门,走向他的床边。弗拉申国王安静地躺在床上,缎被一直盖到他的下巴。

云朵遮住了太阳,没有了光线,房间变得很暗。忽然,她脑子里又闪现出早上的那个梦，于是她弯下腰，查看弗拉申国王的呼吸。这时她明白了，他已经去了另一个世界，可能在另一个更加明媚的世界里享受着阳光。他去往另一个世界得到永恒的幸福了，这让她流下了会心的泪水，没有一丝悲伤，抑或是被抛弃的感觉。

同样的一幕也发生在凯西亚国王的房间里。两位国王在同一个夜晚一同在梦中过世了，可能还是同一个梦吧。弗拉申国王的神态显示出他很满足，凯西亚国王的嘴角也浮出一丝微笑。维多夫王子跪在他父王的灵床旁边，默默地做了一个祷告。在另一个房间，索菲娅公主也同时做着同一件事——祷告。

“亲爱的父王离世了。”维多夫王子在房门外遇到公主时说道。

“啊？他也离世了？”当他们知道两位父王同时过世时，都感到非常吃惊。

夫妇俩一起着手安排了后事。这两个国家的国民听到国王归天的消息一定都会恸哭。两位国王深受人民的爱戴，除了觊觎他们的政权和干坏事的人。他们的慈善和对人民的关爱将会一直深深地留在很多人的记忆中，他们的英雄事迹将会一代代流传下去。鸟儿唱着悲伤而安详的歌曲，歌声传到所有生物的耳朵里，从地上到海里，吸引着一群群的鱼游到水面上来倾听。它们默默地哭泣着，泪水混在海水里，难以辨别。

白云变成灰色，米特利斯塔迎来了今年的第一次甘霖。两位国王逝世的消息飞快地从一个村庄传向另一个村庄，从诺可塞利亚王国，到米特利斯塔王国，再到霍尔斯坦王国。莉莉女王想起他们对她母女的种种恩情，也为这两位伟大国王的离世悲痛不已。

“这是今年的第一场雨，上天也为两位国王的过世感到伤心。”埃斯特哭着说道，紧紧地抱着爱泽拉小公主，“你的祖父很伟大。”当然，不论是人，还是动物，都不会忘记这两位国王。

10

那个夜晚，雨停了，天上无数的星星似乎比以前更加明亮，在广袤的天空中发出无穷无尽的神圣光芒。

依照诺可塞利亚王国的传统，当晚维多夫王子和索菲娅公主加冕为国王和王后。成千上万的人看他们戴上了宝石王冠，数百个火炬围绕着这对夫妇，人们疯狂地跳跃着，火炬在风儿的吹动下窜起一束束火花。

“国王万岁！王后万岁！维多夫国王和索菲娅王后万岁！”群众欢呼着，或举杯，或演奏音乐庆祝，一直持续到深夜。鹦鹉罗里可斯比以往更乖，一直栖在维多夫国王的肩上。

夜间活动的动物很好奇地在一旁观看，从来没有一个夜晚如此热闹，也没有这么多红红的火焰。它们从白天活动的邻居口中，得知了白天发生的事情。它们非常想念逝去的两位国王。蜘蛛们仍然记得在寒冬的几个月里，是国王的城堡给它们提供了安全的住处。尽管女仆们看到它们，偶尔会发出一声尖叫，但是不会将它们踩在脚下，或是用扫帚赶走，这和它们在乡下受到的待遇是不一样的。

索菲娅王后回想起她还是公主时的日子，从坐在父王的大腿上、被母后抱在怀里，一直到她快乐的婚礼。当然，还有他们一家人一起所经历的许多冒险和激动时刻。但是她和维多夫国王知道会有更多的奇遇等着他们。生活总是给他们很多惊喜，从没有让他们失望过。从初升的太阳散发出的一缕缕光线，到秋天落下的一片片树叶，每一个生命都是一个奇迹。

在庆典进行到一半的时候，白鸽突然出现在空中。很多人难以置信地揉眼睛：白鸽飞过之处出现了彩虹，如此壮观，以致吸引了所有人的眼球。在星光闪烁的夜空里，彩虹的每种颜色都显得异常耀眼。

“看！”索菲娅王后指着天空叫道。所有人都朝她所指的方向看过去，无不感到震惊。天空中突然奇迹般地出现了两颗很大的星星，散发出明亮的光芒，像是白昼已经降临。

“一定是两位国王在天上看着我们。”新国王非常肯定地说。索菲娅王后点头表示同意。二人都朝着天上的那两颗星星挥手，众人也跟着他们挥手。即使在升天之后，两位国王仍将护佑着他们的子民。一颗星星的光亮映在索菲娅王后的戒指上，向他们的王冠射出万丈光芒，把他们笼罩在强烈的光辉之中。在密集的人群里，有个人暗中向上天作出一个神圣的手势，祈求这个国家繁荣昌盛、国泰民安。那个人就是预言家多恩，他们一个特别的朋友。

于是，两个国家合二为一，由维多夫国王和他的爱妻索菲娅王后统治。掌声和欢呼声一直持续到深夜，十分清晰响亮。

当这一场景慢慢落下帷幕时，那两颗星星仍然发出强烈的光亮，清晰可辨……

English Version of *Daring Quests of Mystics*
by Shirley Cheng for Anhui University Press' use
as granted in the foreign rights contract

This book, *Daring Quests of Mystics* by Shirley Cheng, is a work of fiction. Names, characters, places, and incidents are products of the author's imagination or are used fictitiously and are not to be construed as real. Any resemblance to actual events, locales, organizations, or persons, living or dead, is entirely coincidental.

Dedication

With endless love and gratitude, I dedicate this book to my beloved mother, Juliet Cheng(陈怡), who has showered so much sunshine of love, encouragement, and support in my life, and who has made me who I am today: a princess at heart with great dreams and aspirations to reach for the stars. This book is also dedicated to my dear grandmother, Kwi Show Tsai Chen(陈柴桂琇), who is the fountain that has brought forth the water of life to sustain both Mother and me.

Shirley Cheng
(郑　星)

About Shirley Cheng

Shirley Cheng, born in 1983, a blind and physically disabled award-winning author (with twenty book awards), motivational speaker, self-empowerment expert, poet, and author of nine books and contributor to eighteen, is a miracle survivor with tremendous talents, an exceptionally tenacious spirit, and a colorful personality. She was diagnosed with severe juvenile rheumatoid arthritis at only eleven months old. She spent her early years in constant pain, confined to a wheelchair, and was hospitalized for many years while living between China and America until 1994. Unable to receive any form of education until her health was stabilized, Shirley started attending school at age eleven in a special education class in elementary school. Back then, she knew very little English, and her knowledge on other subjects was non-existent. Miraculously, she mastered grade level in all areas after approximately 180 days of attendance, and she immediately entered a regular sixth grade class in middle school.

Shirley has a voracious appetite for books, reading an average of six hundred pages (three books) daily, and has read over a total of two thousand books. Since sixth grade, she has received 100 on every NYS essay test, and stayed at the top of the class ever since. She was awarded for achieving the highest grade of 97 in Earth science in her eighth grade class. She was the Student of the Year and the Student of the Month, as well as a three-time winner of the National Reflections Program in visual arts. She has a passion for writing both prose and poetry. One of her short stories, *Mary Miller, the Elusive Lady*, received Honorable Mention and was published by the Poughkeepsie Journal in 1997, and her poem, "The Colors of the Rainbow", earned merit status and was published in *Celebrate! New York Young Poets Speak Out* in 1999.

Shirley was a contributor to her high school newspaper, providing artwork in tenth grade. She received a standing ovation when she delivered a speech as a candidate for student body vice president in ninth grade.

When her eyesight began to deteriorate at the beginning of tenth grade, she had to use two magnifying glasses, holding one on top of the other, on enlarged print to do her work throughout the year, including the artwork she provided for the school newspaper. In classes, she learned only by listening to her teachers, even with chemistry and math, as she was unable to see the blackboard; still she maintained excellent grades.

Unfortunately, Shirley completely lost her vision in April of tenth grade. She then received home-tutoring, and successfully completed all her schoolwork by using cassette tapes and tape recorders. She wrote and calculated long chemistry formulas and equations without vision or Braille (she cannot use Braille because of her severe arthritis). Her high school overall average was 97 (a 3. 9 GPA without any advanced placement classes). But Shirley could not accumulate enough credits to receive a high school diploma from her school due to her vision loss. In 2002, she received her high school equivalency diploma. She took the entire GED test, including mathematical calculations, graphs, and an essay, in her head, and received a special recognition award for scoring an exceptionally high 3280. She was a student speaker at the GED graduation ceremony, and received a standing ovation for her speech.

Shirley became an author at age twenty, completing three books within one year; *Daring Quests of Mystics* being her first book. She wrote her books using a screen reader on her computer, typing with her two index fingers at the speed of about sixty words per minute. She successfully completed every self-publishing task, including formatting her manuscripts and designing and maintaining her website, on her own.

In January 2006, Shirley tied for first place in Be the Star You Are! Second Annual Essay Contest founded by New York Times bestselling author, TV/radio personality Cynthia Brian, garnering her a third appearance on Cynthia's live radio show. Shirley's winning entry, titled "The Jewel from Heavenly Father", is dedicated to her beloved mother Juliet Cheng. In the following January, Shirley won Honorable Mention in the same contest for her essay, "I Hold the Power", her personal story of overcoming blindness at the age of seventeen. In January 2008, Shirley was yet again one of the winners in the contest, earning Honorable Mention for her essay, "My Mother: A Fighter, a Victor, a Lover", which applauds her stellar mother for being a courageous and loving fighter to protect her life at all costs.

Shirley has an immense passion for life and is full of life and vigor. Despite her severe disabilities, Shirley has striven to overcome overwhelming obstacles and she is living the life she loves, while she empowers, inspires, and motivates others to do the same.

Shirley has extraordinary goals with the aspiration of attending college at Harvard University, where she hopes to earn doctorates in microbiology, zoology, astronomy, physiology, and pathology, after a successful eye surgery.

Shirley is a true magical gift, a star with endless shine.

Shirley As an Advocate

Shirley is also an advocate of parental rights in children's medical care, and aide/caregiver monitoring and screening for students with special needs and disabled people.

As a parental rights advocate, she wants to help today's loving parents protect and keep custody of their children. "In America, parents risk losing custody of their children forever if they disagree with doctors' recommended treatments, or even when they want a second opinion," says Shirley, a survivor of two custody battles her mother Juliet Cheng had with doctors. Shirley adds, "When doctors ask yes or no, parents should have the right to say no."

Shirley's last case made international headlines in 1990; Juliet appeared on CBS This Morning with Paula Zahn as she fought to save Shirley's life and prevent her from receiving the harmful treatment recommended by her doctor in Connecticut.

Preface

Ever wanted to go deeper than magic and mysteries in fairy tales? To probe into the feelings and virtues of human nature, and to discover that fine qualities surpass all powers of magic and sorcery? The following pages hold stories full of adventures and daring quests in fabulous lands that no one has ever heard of. But the existence of these mysterious lands is questionably of being the inner thoughts of mankind: one's deeper thoughts, secret dreams and actions. These are tales of true heroes and heroines, not only of their magical powers, but also of their spiritualism, kindness, love, devotion, and many other more valued qualities that are the real treasures of the world.

Throughout this book, stories of friendship, love, loyalty, forgiveness, and courage are told, and therefore, should be learned and passed on. But above all, the hopes and instincts of one's inner soul are emphasized in these chapters: to listen hard to the voice calling from the bottom of one's heart and to believe in one's self to reach for the stars. Even if goals are not achieved and things are unaccomplished, one would feel better knowing one had tried to one's best ability. One does not have to defeat a fierce dragon and rescue a beautiful princess to feel like a hero. From the first step one took as a baby, to the giving of charitable acts of support, guidance, and kindness, all are achievements; things that make people heroes of life. And most of all, the personal inner feeling of satisfaction at succeeding is the greatest reward in itself.

The fantasia starts out in the fictional land of Noxellia during the Medieval times of kingdoms, rulers, and the art and sports of archery and falconry. The inhabitants of a grand stone castle are the main characters, specifically Princess Sophia, who readers will see is a true heroine. She, along with other characters of the book, shows the readers virtues of life. Even the bad guys play an important role in the stories—to give a contrast between good and evil, and to show that good shall always prevail in the battle against evil at the final end. The tales define the true meaning of life's heroes, and teach the reader to recognize and understand the world in another view, not necessarily through rose-colored glasses, but with sensitivity, careful scrutiny, and an optimistic outlook. These fairy tales give the lessons of life, mingled with magic and mysteries. But then, is not the elusive life a magic in itself?

So, spread your wings wide and soar high. Do not be afraid of bumping into the silvery moon. And you just might shine brighter than the celestial stars.

The Magical Gifts

Chapter One

The adventure started a long time ago, in a land of green, rolling hills. It was a time of magic and mystery and a time of great knights and powerful kingdoms. On a high, but not so steep mountain, stood a grand stone castle overlooking the prominent countryside of Noxellia. Yonder the hills held busy and noisy villages with bustling people: parents trying to calm crying babies, traveling merchants, and officials providing peace and security. The tall castle often cast a shadow on the villages—not a menacing form, but one that gave warmth and protection. Villagers often looked up to the castle; some made up adventures to tell to their children, while some others wished to experience the leisure of living there. Many had heard of the kind King Fulacian, and his treasured daughter, Princess Sophia. King Fulacian was a man of honest words and great actions. But the king was touched by sadness when his beloved wife, Queen Sherxia, passed away some years ago from an unknown disease.

The land had always been blessed with good weather, with sunrays kissing everyone and everything in sight, and gentle breezes playfully teasing women's hair. The green hills were covered with incalculable wildflowers that appeared to dance in the wind. Tall, majestic trees dotted the undulating hills, providing cool, shady spots. And toward the east ran a small, glistening stream with colorful marine life.

And on this sunny day, it so happened to be a day of feasting, for it was Princess Sophia's seventeenth birthday, and she was to wed the next month.

Princess Sophia was loved and cherished by all, not just because she was charming and beautiful, but because she was a very kindhearted and gentle person with distinguished manners and a heart of gold. She always knew how to turn a frown into a smile. She was the pearl not only of the castle, but of all villages. Even though most people did not know her, word of her charms was often spread from those who were fortunate to meet her personally. And if one met her for the first time, one would be blinded by her exquisite beauty. Her wavy, golden long hair was piled high on her head, with a few strands hanging down, framing her high forehead and soft, delicate profile. Her skin was like the loveliest lily petals. One who looked upon her eyes would be mesmerized by their charm of blue diamonds, bluer than the bluest sea and sky. Her lips betokened a red rosebud. A touch of smile on them would be contagious to any onlookers, even to those who seldom smiled. Her voice was like that of a nightingale, like the chimes of crystals. Not only was her beauty fascinating, but her diversity of talents as well. She depicted all that she saw with the utmost clarity in her artworks, played all musical instruments with grace, and wrote the wisest words. Yet, vanity and superciliousness did not stream in her veins. Never did she look down upon those who were less fortunate in rank or beauty. She was a rose without the thorns; a perfume that diffused to all crevices of the world with an equal share for all to take pleasure in.

Thousands of people attended the festival, from the richest to the poorest, the oldest to the youngest, the happiest to the grumpiest (though not so on this day), and any children who were well behaved. Naughty children became perfect angels. Among the guests was a special friend of the royal family, an old prophet by the name of Dawn, who was always divinely led by the one and only true God. Unfortunately, the prince, to whom Princess Sophia was betrothed, could not attend.

Every one of the guests dressed in the most splendid of apparel. Even the poor folks managed to be presentable. King Fulacian was the handsomest man who elicited sublimity. His brown hair was touched with silver at the temples, while a few fine lines marked all the years of laughter at the corners of his twinkling eyes, but his inner soul of youth shone out from every part of his being, like a brilliant candle illuminating an entire universe. His thick, kind brows greeted every guest, treating all with equality of goodness and respect, holding no contempt toward the meek and the poor. From a distance, one's eyes would instinctively rest upon his most prominent feature — his fine, high nose, which did not have a look of arrogance, but of most nobility and righteousness. His strong, gentle hands were

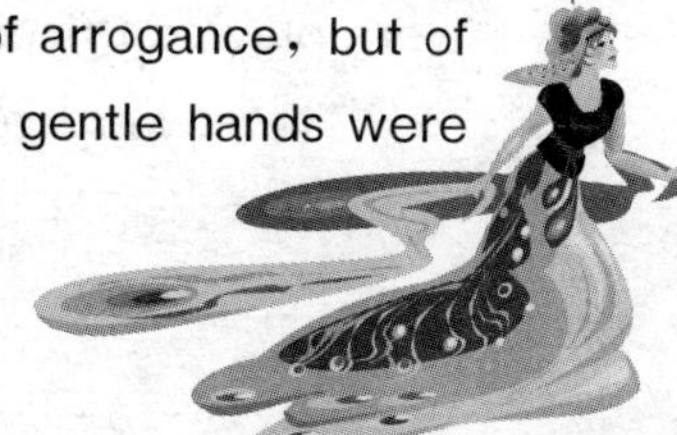

clasped in warm handshakes with all the eager guests who were lined up, each waiting patiently for his or her turn.

Then, great gasps of astonishment came from the crowd as their eyes turned to Princess Sophia, who was descending the stairs with grace. She made her way to her father with her violet dress of satin trailing behind her, accentuating her curvaceous figure. Of a certainty, Princess Sophia was the most exotic flower of them all, adorned with blinding jewels. Eyes of all colors were glued to her, following her every step. Some even forgot to swallow their food, while others trailed behind as loyal puppies. Ah, she was certainly a mystical sight!

Everyone was having a merry time. Many entertainers were doing tricks and making enchanting music. The polished marble floors reflected thousands of happy faces. Princess Sophia was sweeping away on the dance floor with all the gentlemen who were lucky enough to steal her away from other envious men. Laughter was heard everywhere, from the tallest tower down to the villages. The twittering of birds added to the harmonious sound of joy.

One young man by the name of Lord Veldolf teased his friend. "You're making all the ladies look upon you with envy."

"Nonsense," Princess Sophia answered with a mischievous grin.

"Wonder why Prince Lornox didn't come."

"He has an urgent matter to resolve."

"May I have this dance?" asked Lord Veldolf when they were playing Princess Sophia's favorite music.

There were numerous tables laid out with delicious and

tantalizing food, from roasts gilded with gold leaf to exotic dishes such as stuffed peacocks and swans. The fragrance of freshly picked wildflowers accented the enjoyment.

During the fourth course of the feast, a deep voice suddenly boomed, "I have a message for you from God, dear princess." All eyes, including that of Princess Sophia, turned to the source of the voice. It was Dawn. Everyone waited anxiously as Dawn began with an air of mystery.

"You shall live your first month of your seventeenth year well and happy, but terror and adventure you shall face on your wedding day."

Silence fell around the room.

When the startled princess finally found her voice, she asked, "But what shall I do?"

The seer raised a thin hand high above her head in reply. From an open window, a white form appeared, growing in size swiftly as it neared the spot they were standing. Princess Sophia widened her eyes. "A dove! It's so beautiful," she breathed. The white dove ended its flight as it landed upon the old woman's wrist. Dawn smiled and stroked the bird. Remaining silent, she removed a golden ring from her finger.

"Seek help from these," came the low voice of Dawn. "They shall help you on the day of tragedy." The dove cooed, eyeing the ring, whose multicolored rhinestones glinted brightly.

Chapter Two

Every day of the first month of Princess Sophia's seventeenth birthday went smoothly. The days flew by so rapidly, like a hummingbird darting from flower to flower. The princess, to everyone's surprise, grew more and more beautiful —which was nearly impossible since her beauty was already at its zenith.

Before anyone realized it, it was the day before Princess Sophia's wedding. She was to wed a dashing prince of a nearby kingdom. Everyone was in a state of excitement during the busy preparation for the wedding, but Princess Sophia was with misgivings and apprehension. She thought of the oracle's words and the inevitable predictions. What kind of terror will I face when the sun rises tomorrow? she asked herself with a heavy heart.

That evening after supper, the royal family enjoyed a game of chess. Their well-loved pet, Rolix, an ingenious talking parrot of colorful plumage, watched the two play.

"She will win, will win!" squawked the bird, excitedly.

But unlike the usual outcome, the princess lost the game to her father.

"Well, looks like my old brain is finally learning the game! Did you hear that, Rolix?" said the king, whose laughter echoed in the spacious room.

"Yes," answered Princess Sophia, absent-mindedly.

King Fulacian inquired with a look of concern, "Sweet Sophia, what's making your beautiful countenance unhappy?"

Not wanting to remind her father of the sad prophecy, she answered with a weak smile, "Maybe just feeling a bit nervous about the big day." She never lied to anyone, and she would never have an untruth escaping from her lips. It was the truth without the reminder of the seer's predictions. It was fruitless to put worry upon King Fulacian's soul. She would face and conquer whatever ill luck that would fall onto their lives.

"Ah, dear child, everyone goes through the same thing," said King Fulacian chuckling, with a twinkle in his eyes. "Everything will be just fine," the loving king remarked. Relieved that nothing was the matter, he placed a gentle kiss on her forehead. Unbeknownst to his daughter's thoughts, he wished her a good night's sleep.

Somewhat soothed by her father's words, Princess Sophia slowly ascended the winding stairs to her splendid room with famous paintings on the walls and ruffled curtains with embroideries on all the five windows. One painting was that of her deceased mother, a woman with fair curly hair and almond-shaped eyes. She looked at the portrait with much pain in her heart. After all these years, she still missed her dearly. The way she used to sing and laugh was embedded in Princess Sophia's memory. She recalled how her mother's loving hands combed her hair and dressed her up in the prettiest of dresses. She often reminisced about those unforgettable, precious moments that could never be again. But perhaps someday, they would meet once again in a land of the unknown.

She knelt by her bed, folded her delicate, tiny hands, and said a silent prayer, thanking God for a loving father, wonderful friends, fine clothes, and great food and place to live. She prayed for guidance and support from the Almighty One.

When the gentle blanket of night fell upon the kingdom, the faithful princess fell asleep, waiting in anticipation for the next day.

Although all the people of the palace and villages were resting peacefully in their deep slumbers, the serenity of the countryside was alive with night dwellers. The silvery full moon cast a shimmer of faint light on the valley, and the sky jewels were millions of guiding beacons.

One would hope and wonder if the sparkling stars of the celestial heaven could shed some light on the future...

Chapter Three

Early the next morning, Princess Sophia awoke to shadows flowing through her windows from the dark clouds. At that instant, she sensed something was amiss. She heard shouts and cries from outside. She quickly got up and looked out a window. The terrified princess gasped at the sight that met her eyes. Through the swaying smoke, she could make out dead bodies on the ground. She fled away from the gruesome sight, swiftly dressed, and rushed into her father's chamber. Her eyes only met an empty room.

When she got out of the castle, she learned the truth. A

dying knight in her father's army, using his last ounce of strength, told her that another kingdom had captured the king. She was even more horrified when she discovered that it was the same kingdom that her fiance was from. The prince wanted to marry her not for love and unity, but to rule her land.

With a quick decision, she dashed into her chamber. Remembering Dawn's advice, she sought out the dove and the ring. The oracle did not state how they could help her, but only advised her to follow her instincts from her heart and they would guide her. Her eyes scanned her room, wondering if there were any other items that would be of some use on the road. She picked up a thin blanket from her bed, feeling it would be useful, and tied it to her waist.

With the ring on her finger and the bird on her shoulder, she set out afoot to search for her father, without a glance in the mirror.

The gray sky was covered with dark clouds, but not a single raindrop escaped its home, nor any roar of thunder invaded the atmosphere; only quick, nimble footsteps were audible, fading into the distance until a delicate figure was no longer discernible amidst the mist.

Princess Sophia followed her instinct and walked toward a glen with dense forests encompassing it. The glen was usually filled with the happy chirping of the songbirds, but not today. Everywhere she looked was filled with the sense of gloom. With the absence of the comforting sunlight, the trees seemed to lure unsuspecting victims into their hungry jaws. The blustery winds made ghastly sounds amidst the leaves. Despite the malevolence, the unflinching princess was unafraid, and continued on with a tenacious stride.

Suddenly, in the middle of the glen, the white dove flew away, and was out of sight. With a heavy sigh, Princess Sophia continued with a more determined air. She still did not feel hopeless, for she trusted in Dawn's words and the voice calling from her heart. She had never abandoned her hopes before, and she would not start now. Her strong willpower was invincible. She would grit her teeth till the end.

After walking for four hours, she collapsed on the dusty ground. Her chest heaved with exhaustion. "If only I had my horse," she whispered, thinking of her dear horse that had gotten killed during the attack. She was too exhausted to go on, and needed a little nap. And very soon, she fell asleep. Little did she know that she was protected by nature's friends. Small eyes blinked and furry bodies surrounded the princess as she slept. They wondered what had brought her to a place of such dreariness. Surely, something pivotal must have happened. None came too close so as not to wake her, for they knew the sleeping princess would need much rest to face the upcoming enterprise.

Chapter Four

After Princess Sophia awoke, the sun was making a defeat, and coming out from behind the clouds. The sky was less cloudy now, and a gentle breeze was blowing.

Then, she noticed something on the ground. They seemed like white feathers. Picking one up, she examined it. It belonged to the white dove. The cluster of feathers was leading to somewhere unknown. She decided to follow the trail with a hopeful soul. While she was doing so, the ring on her finger became warm, and warmer with every step she took. At first, she did not notice the warmth, till she stepped off the trail and the ring got cooler. She finally discovered the secret to the magical ring and its powers.

After a couple of hours had passed, she came to a rocky and steep mountain. Now, her finger was burning from the ring. She moved alongside the mountain, thinking of a way up. Finally, she spotted a good place to climb. By now, her delicate dress was torn, and she had scratches on her arms and legs, but she did not pay a tint of attention to it.

While she was climbing, she heard muffled noises coming from above. The sound gave her more strength to go on. Minutes later, she discovered a dark cave. She inched closer to it, finding herself inside a passage leading to total darkness. Once she started in, the ring began to glow with a yellowish light, dimly at first, but with greater intensity as she moved forward. The narrow passage then led to a small opening. She peeked in, and there, inside was her father, gagged, tied, and left there to starve to death. By now, the ring was causing unbearable pain. Paying no attention to it, she untied her father. He was shaking all over from cold and fright, and probably even anger. But other than that, he was unharmed. Princess Sophia quickly took off the blanket from her waist and wrapped it around him. She was

so much relieved that she had at last found him. She knew she could face any other challenges with no shudder. Her biggest mission was at last accomplished.

"Stay here, Father, and don't move." Without another minute's waste, Princess Sophia quickly scrambled to her feet, and went for help.

Climbing down the mountain was easier, but equally dangerous. But her slender physique was of great advantage. She skillfully maneuvered down the mountain inch by inch like an agile gazelle. At last, her toes touched the ground.

All of a sudden, she heard the sound of galloping horses. She turned around, and to her horror, saw a great army with warriors on black horses coming toward her. She started running for her life.

Suddenly, she stopped on her tracks. Before her, the white feathers on the ground were beginning to change shapes! Slowly and steadily, each of the white dove's feathers took the form of a courageous knight; making it a total of eight hundred knights. They were dressed in the most magnificent of armors, carrying golden shields and long, shining swords. Each knight was riding upon a powerful white horse adorned with bright plumage.

Hiding behind a tall tree, Princess Sophia watched in awe as the two armies fought. Her magical army was extremely powerful and resistant, with great swordsmanship, therefore, they defeated the wicked army with lightning speed.

Then, the rays of the setting sun hit Princess Sophia's ring, sending a beam that burnt the entire prince's army.

Chapter Five

The very next day, everything was back in order in the princess' castle. The king quickly regained his strength, becoming his old, radiant self again. There was a celebration of rejoicing and congratulations for Princess Sophia's bravery. They had the biggest feast that was ever put together in the whole history of the land; a feast more stupendous than the one that accompanied Princess Sophia's seventeenth birthday. Nearly everyone from all the villages came; even some animals sneaked in to join the excitement.

"The entire kingdom was taken by surprise by the surreptitious attack. Most of my knights didn't even have the time to react. I was captured and immediately sent to the mountains. They did not end my life, for I believe they wished to relish the pleasure of seeing me die slowly," King Fulacian narrated the terrifying story. Just listening to the ordeal could be heart-pounding.

"But I had faith in you," said the king, turning to his dear daughter.

"If it hadn't been for Dawn's gifts, I wouldn't have been able to do it," she said modestly, with a tint of a blush blooming on her rosy cheeks.

"Yes, but mostly, it was your kind heart, bravery, determination, and hope that helped you to find me and meanwhile, save the kingdom. You are the true magic gift!" Her proud father beamed with admiration shining in his regal green eyes.

All shouted and cheered with much wine and toasting. Dawn stepped into the middle of the noisy crowd, and proclaimed, “I feel in my old bones that the land will be blessed with everlasting happiness from now on!”

The cheerful sounds could even be heard miles from the castle. The joyful song rang loud and clear throughout the kingdom. And as if by magic, the white dove suddenly appeared, soaring high up in the clear blue sky, sending a trail of rainbow behind it, granting wealth and prosperity to the realm. The sunshine glorified the entire land, filling all the usual darkest places with brightness and warmth. The unfortunate people who could not attend because of illness waited impatiently for their family members to come home and share the happy event with them.

“Never would I have thought that Prince Lornox would be untrue,” sighed the princess, wistfully. She had not known Prince Lornox for long. In actuality, they had met not more than one year ago when he passed by the kingdom upon his ebony horse. She recollected the first day they met; how she was charmed by his distinguished appearance. His shy, reserved manners and gentleness to all had been admired deeply by the princess. He was especially kind to her and her father. Most of all, he had expressed immense interest for the land, inquiring about all schedules and events of the palace. Now she knew why he had shown so much desire in knowing. She could no longer bear to think of the false promises he had given her. Dismissing her thoughts, Princess Sophia looked into her childhood friend's dark eyes. She was grateful to him for all the many years of wonderful memories.

"Don't be saddened, beautiful one. All love you dearly... especially one..." Lord Veldolf said while handing her a single red rose. "What you have accomplished is beyond anyone's ability to put into words."

Princess Sophia just smiled and continued on with the dance. It was futile to dwell on the past, and to be angry would be a waste of the precious time. Nothing would be accomplished, and it would sadden the situation that was already painful. To move on with one's chin held up high, with a smile on one's lips, was the way to forget the past and enjoy the future.

And as for the evildoers—the prince and all officials who were involved in the monstrosity—were brought to justice and rightfully executed.

It was an episode that no one would ever forget, one that would be in Noxellia's history and beyond for years to come. It was a heartwarming tale of evil falling to bright heroism and goodness, one that was passed on to many generations, including my own. So, grandchildren, remember that hope and determination can do a lot, as long as you listen hard to the voice calling from your heart.

And of course, the king, the princess, the white dove, Rolix, and all the people of the land lived happily ever after, with each day blossoming with cherished memories. Although the valleys lay peacefully, the creatures of the land expectantly awaited a day that would be filled with another adventure of the mystics.

Secrecy

Chapter One

There was once a faraway land of adventures and untold tales, where goodness dwelt and the forces of evil were abolished. It was a land of endless sunshine, with seldom a day of darkness. The time was one out of legend, an era of mystical happenings and unanswered queries. Noxellia was the land, with carpets of wildflowers covering the green, rolling hills, sunrays of virtues, and impish breezes that lifted leaves in a dance of grace. The most prominent feature of this mythic land was the prodigious castle that sat atop a high crag near the kingdom's center, an enormous edifice of solid gray stone that often cast a shadow of warmth and protection on the villages down yonder. Not only was the castle a great symbol of Noxellia's heritage and splendor, but the true honor of the land resided in the castle's inhabitants, the royal family, who were of highest gentility. Many kind thoughts were passed from generation to generation of the virtuous King Fulacian, and his treasured daughter, Princess Sophia. Kind Fulacian was a man of honesty and upright actions, while Princess Sophia was the doer of gracious deeds.

Ventures and excitements filled many of the kingdom's days. Famous festivals were held on all special occasions, whether the occasion be a wedding celebration or a rejoicing of military victories. But on this particular day, at the outset of our story, the streets were filled with more than the usual boisterous people. While the parents were crowding to take part in this yet-unexplained event, children were trying to take a sneak glimpse between their mothers' dresses or from under their fathers' capes.

"What are they all doing?" asked a young girl with big, curious eyes.

"The king has a special visitor," answered her father, who tried to hush her up in the hopes of hearing more about the event while eavesdropping.

A long parade led by knights dressed in shining, unmarred armors, each astride a magnificent white horse, marched toward the palace gates. Behind them, riding upon a lustrous black horse with a thick, breeze-blown mane, was a tall man of silvery hair. Any who rested their eyes upon this man would know for certain that he was of an importance. His dark eyes reflected many years of trials and tribulations, nonetheless their eminence was undaunted, and no dourness was present. This man was no doubt a king. His kind eyes took in the scene before him with much interest and scrutiny. It had been of some time since he last paid a visit to his neighboring lands. His affable countenance shone with mirth as he took in the beauty of the sun-filled valley. The corners of his lips slowly curled in a secret smile as a small boy, sitting upon his father's shoulders, pointed in his direction, while a flash of sheer astonishment was visible in his eyes.

While the streets were filled with commotion, the castle was bustling with an organized energy of excitement and preparation. Maids were scurrying here and there to perform the last dustings in corners and under tables. Even the least-noticed places received tremendous attention.

Making his way through the busy throng, a handsome young man called out to his friend, "Where are you? There are so many people about, and I am afraid that I will get lost!"

"Don't be silly, milord Veldolf. You can never stop joking, it seems," a musical voice behind him answered.

Lord Veldolf turned around, and his eyes met the most splendid of all sights, one he would never tire of. Princess Sophia was dressed elegantly in a fine gown of silver that accentuated her statuesque physique. But even if she wore torn rags, she would still make men swoon and be enraptured by her charms. Anyone who met her for the first time could not fail to be dazzled by her sheer exquisite beauty. Her long golden hair was usually piled high on her head, with a few strands hanging down, framing her high forehead and soft, delicate profile; today was not an exception, but it was done up even finer than usual, with shimmering threads holding the golden coils in place. One who looked upon her brow of intelligence and eyes of blue diamonds would be drowned in their magnificence. She held the secret of turning a frown into a smile, this maker of sunshine. Her lips were like a delicate red rosebud; any touch of smile on them would be projected onto any onlookers, causing even the grumpiest to smile. But she was no skin-deep beauty: her talents were versatile, her wit both quick and sharp. She was the dazzling pearl of the entire land, not merely because of her beauty, but also because of her incisive mind, her heart of gold, and her precocious wisdom.

"Ah, daughter, this is a grand day!" exclaimed her father as he approached. He stopped and placed a gentle kiss on her forehead. In his way, he was as striking as she: he filled the spacious room with his sublimity wherever he went, and no one in the halls was unaware of his pleasant nobility.

The royal family was expecting a visit from the king of Mytelista, a kingdom many leagues from Noxellia. Although little was known of that land's King Caisia, word of his amiable disposition was spread from afar. But some rumor there was also of some debilitating weakness he had, but what exactly it was no one knew, or dared not tell.

When the time arrived to welcome King Caisia, trumpets were sounded and lines of maids waited attentively by the main palace door. After he was ushered in by knights, the two kings greeted each other with much warmth and courtesy. Prompt introductions were made, and food of all sorts and varieties were served right away, with freshly picked wildflowers accenting the long tables.

"Honor in meeting you, Your Excellency," Lord Veldolf cordially greeted King Caisia while sharing an embrace. The few animals looking upon the scene through a window exchanged glances with one another. Their keen senses felt the embrace between King Caisia and Lord Veldolf had lasted longer than a mere second on the king's part.

Numerous entertainers made enchanting music, while others juggled five or six balls at once. Their happy faces, and those of the guests, were reflected in the polished marble floors. One would notice a small, colorful form was also discernible among the collection of reflections. That form belonged to their friendly talking parrot, Rolix, a delight of the court. He freely flew about the castle, trying to catch all the guests' attention—which was a task of most simplicity; needing little effort on his part. Some ladies covered their heads as Rolix glided by, fearful for their coiffures, while several gentlemen held out their hands in greeting, giving him a suitable place to rest upon. At last, his tired body alighted upon the tiny, delicate hand of Princess Sophia.

"You naughty little bird," she teased him playfully as she scratched his head with her free hand. Rolix's only reaction was to bend his head, giving her the access to the most desired spot.

The day wore on, bright with merry music and dancing. King Caisia and King Fulacian exchanged various stories of their lands, but most were conversed in private. Once in a while, a few chuckles escaped from their lips as they amused themselves with their tales.

During the third course of the feast, Princess Sophia asked their special friend, Dawn, if she had any message of guidance. Everyone held their breath as the prophesier began, drawing an air of mystification and mystery about her like a cloak.

"I foresee a secrecy involving a figure of greatness. And if the secret shall be brought forth, happiness shall be the result."

Whispers were heard amongst the crowd, and quick glances were exchanged betwixt the ladies.

Although Princess Sophia made further inquiries, no clues were given by the oracle.

Chapter Two

By the next day, the oracle's words were the talk among all people of the castle, and had spread even to the villages. Everyone surreptitiously made guesses, but none dared utter a word of their thoughts. Some even laughed when they conjured something that tickled their senses. The chirps of birds seemed louder than usual; they, too, were engrossed in the mystery.

While the people were busy mulling over the oracle's predictions, something else occupied Princess Sophia's mind.

"His sweet smile..." sighed the princess, dreamily as she looked out her window of ruffled curtains with embroideries. She could not stop thinking about him; especially his thick, wavy hair and gentle brown eyes. Her heart would leap upward whenever a vision of those smiling dimples on his cheeks invaded her memory. She loved his carefree personality, his cheerfulness and eupeptic outlook on life, and the silly way he danced; it would just make her grin with amusement.

Her daydream was interrupted by a tap on her shapely shoulder. She turned around, and her eyes met the dark eyes of Lord Veldolf.

"Fine day, isn't it?" he said, a comical grin touching his lips.

She nodded, but uttered not a word. Seeing the princess with a serious look on her sweet countenance, he said, "The day is lovely, yet you are more so. But what troubles you? May I chase unhappy thoughts away?"

Princess Sophia smiled and waved her hand. "It's nothing that could be chased away. Do not worry." She swept her hand, gesturing to the view outside the window. "It's a beautiful day, and I am with happy thoughts when I behold its beauty."

After a few minutes of silence, no longer able to constrain himself anymore, Lord Veldolf grasped her hands, putting them upon his heart. "My princess, I can no longer hold the restraint on my soul. I must tell you: I love you with all my soul and heart. Brighter than the sunshine that touches the face of the earth, more radiant than all the stars that have ever shone in the celestial sky, and more than all the fishes that have ever swum in the oceans."

With many unshed tears, she exclaimed, "Oh, Lord Veldolf, yes, I love you, too, with my love for you surpassing all the pearls and gems of the world! But we must not say words of love...because..."

"Because I'm not a prince," finished the lord; his shoulders sagged sorrowfully. He cast his eyes toward the window, noting the happy pairs of birds fluttering about in the sky, sharing the joys of life together. They soared high up until they were no longer visible amidst the white clouds. One pair of blue eyes also followed the scene before them. Each knew they longed for the same thing. Love was at their fingertips, but it was so far beyond their reach! Such was love: too painful to grasp in a hurry, for one's hand would bleed from the thorns; and too delicate to seize, for then its petals would wither and fall.

Chapter Three

Day after day passed with much speed. The princess held her bittersweet thoughts. She disguised her feelings so well that King Fulacian remained ignorant of what was in her heart. She knew her love for Lord Veldolf should remain unspoken. Nothing good would come out of it, and it might even worsen an already painful situation.

"Princess, princess!" called Lord Veldolf, breaking her reverie.

He burst into the room before she could even let him in, startling her away from the door. She immediately grew concerned when she saw that he was distraught.

He swallowed hard. "My mother is very ill, and the physicians have said that she probably can't hold on much longer... She requested to talk to you," explained the lord with a few tears escaping their owners, "immediately."

They quickly set forth to his estate, which was some distance away. The sky was clouding over by the minute. They went on with much haste, each troubled by their worries about Lady Callandra Veldolf, a dowager widely known for her kindness and charitable acts.

Once inside the dimly lit room, Princess Sophia's eyes gradually made out the outlines of the furniture and windows. A small vase, filled with flowers, was placed on a small table by a window. Lord Veldolf's mother lay in a bed that was situated in the center of the room, facing a large mirror.

Princess Sophia knelt and took hold of the woman's frail hands. "I'm here, Lady Callandra."

"Close the door, I want to speak to you only," came the feeble voice. "You must know something..."

Princess Sophia did as she was told when the lord quietly left the room. Once she took her place, Lady Callandra began, her voice weak, but with no lack of eminence. "Once there was a king who was miserable, unloved by his mean-spirited wife. Looking for any companionship, he befriended his maid. Well, they had a child together, a boy of eyes darker than any blackest night, with dimples when he smiled. But ashamed of his actions, he secretly sent them away with a large bag of gold."

As Lady Callandra narrated the story, the truth slowly dawned on Princess Sophia. But she did not utter a word, and let Lady Callandra continue.

"I see in your eyes that you understand. I wanted you to know. I have noticed the loving glances you two so often exchange. Those things can never escape the keen eyes of mothers. I wish to see my son be happy with you after my spirit leaves this sickly body."

With much understanding and no distaste for what had passed between the king and her ladyship, Princess Sophia tenderly patted Lady Callandra's hand.

"And the king...?" inquired the princess.

"Caisia." And with that, the eyes of Lady Callandra closed

in a forever peaceful slumber.

Slowly, tears trickled down Princess Sophia's cheeks, matching the scene from outside. The sound of rain could be heard against the windowpanes as each drop tried to escape its dark environment. The wind hollered as if in pain, with branches of trees clawing agonizingly at the glowering sky.

Chapter Four

Early the next morning, the walls of Princess Sophia chamber were painted with a reflection of the rainbow from outside. The sunrays softly kissed Princess Sophia's hair, making a halo above her. Immediately, the conversation with Lady Callandra invaded her memory. She had told no one of the shocking truth, afraid of the disturbance it might stir. Curiosity had shone through Lord Veldolf's eyes, but he did not question her, knowing it was a secret that had passed between his late mother and the princess.

She had almost uttered the words, but had stopped herself. Perchance the right moment would arrive someday for the truth.

With a heavy sigh, she got up and decided to take a stroll in her garden filled with her favorites of violet lilacs and tulips of all shades. Thinking it was also a fine moment to depict the nature scene, she took the necessary art materials with her.

There were still a few gray clouds left from the rain, but the blazing sun was high up in the blue sky, drying up the few drops of rain that obstinately clung to existence. The twittering of songbirds traveled far and wide. The stream, which was toward the east of the palace, was alive with dancing fishes. The branches of tall, majestic trees were swaying in the gentle breezes. All in all, it was a sight of tranquility. But the scene did not match the turmoil deep inside of her soul. Not only was the secret pounding within her heart, but her mourning following Lady Callandra's death was great. She could still hear the dismal sound of the ringing bells in her head and feel the sadness that swept through her as if the black serge was draped upon herself rather than on the door of the lady's death chamber.

She decided to sit amidst the tall, well-managed luscious green grass, and began to capture the scene before her in her painting. While taking in the beauty of the incalculable wildflowers of all colors imaginable, her eyes were drawn to some rocks that seemed to be calling out a message of urgency. A small object amidst the rocks was emitting bright light. Putting down the paintbrush, she decided to take a look. She got up and gingerly made over to the glistening rocks. To her amazement, she discovered that the shiny object was the multicolored ring of rhinestones that the oracle had bestowed upon her two years ago along with a mystical white dove.

"Strange that this should be among the rocks..." wondered the much-bewildered princess. It was the ring that had helped her to find King Fulacian after Prince Lornox had captured him. The ring radiated warmth, and with greater intensity if the path to her father was nearer.

Without a second thought, she put it on. Instantly, the ring began to emit warmth! She could hear her own heart beat as it quickened its pace, and her mind raced.

As if to compound the queerness, the white dove suddenly appeared, soaring high above her. Unable to hide her excitement anymore, she began to walk all over the palace grounds, testing just where the ring could lead her. The magical dove, which had also helped her to complete the search for her father, followed close behind and above her.

Before she decided to go on further with the expedition, she went into the castle and told her maid that she was going out for a while, and not to worry if she returned late. She gave a quick pat on Rolix's head before stepping out. Giving one last glance over her shoulder, she set out, riding upon the black horse her father had given her on her eighteenth birthday last year.

One would wonder what enterprise the princess would face beyond those protecting palace walls...

Chapter Five

The day became even brighter as the remaining gray clouds drifted away. Princess Sophia came to an open plain of tall green grass. She wondered to where her adventure was leading her. She always faced an adventure with a smile on her lips, and today it was no different. Her eyes were gleaming with excitement.

Gradually, a low mountain became discernible in the distance. She felt a sense of deja vu. Of course, that one time it was to rescue her father, but this time, who, if anyone, was calling out for her?

The ring grew quite hot. As she rode closer to the mountain, she heard faint voices, not from above, but from behind the mountain. She quietly got off the horse, tied it to a tree where it would not be seen by anyone, and inched to the side of the mountain. She kept behind some large rocks that were at the edge of a cluster of trees, so she could not be seen by the mysterious owners of the muffled voices. It was dark below the mountain because the tall trees and mountain blocked the sun. She carefully felt her way along the mountain, slowly getting closer to the source of the voices.

After taking a few more steps, several men dressed in black came into her view. A silent gasp escaped her lips. Among them was King Caisia, bound with thick ropes. A tall, menacing man towered before him, threatening him with his sword. Princess Sophia counted there to be eleven knights. Their countenances were not easily visible because of the heavy shades from trees, but she saw that each knight had a hand on his sword. She listened carefully to their conversation.

"Give up your crown. The land needs a king like myself," said the tall man.

"Never!" exclaimed King Caisia with a gleam of defiance in his eyes.

"Then the land shall be exposed to your infidelity to Queen Zella," threatened the man.

"You, my brother, could not do such a ruthless thing!" pleaded the king, reflecting terror in his shaking voice.

His brother laughed wildly. "I can end your life if you prefer."

Princess Sophia's heart was pounding. She just had to save the king. As she was thinking of a way, the white dove began to circle the people from above. While it was flapping its wings, several feathers fell slowly upon the ground. As soon as they touched the earth, they began to do their magic, each turning into a great warrior.

The magical occurrence silenced the officials and the two brothers at once. For a moment, no one moved; they stared wide-eyed and slack-jawed. But once they realized they had been surrounded, the knights sprang into action, drawing their sharp swords. "Ha, magic or no magic," yelled the evil brother, sneering, "I will win!"

Princess Sophia scrambled out of the way as they fought. Without any doubt, the magical knights with masterful swordsmanship won the battle as soon as it started, and the villains received what was rightfully brought upon them for their atrocities. Each villain was pierced at the heart by the magical sword, leaving only a few drops of blood visible. One who examined the bodies would be taken aback at such deaths, for no sword could pierce through such strong armors. Thus, they would know it was an act of mystics. Princess Sophia was not as astounded as the others, for she had witnessed the same magical metamorphosis and victory before.

She quickly rose to her feet and untied the still wide-eyed King Caisia.

"I can't put into words of how grateful I am!" stammered the king.

"It is always a great honor to help. No need to thank me,

Your Majesty." Princess Sophia guided him to his horse, being careful not to step on any fallen bodies. King Caisia sadly shook his head at the sight of his dead brother. He had memorable times spent with him, and he was stunned that such ill fortune would fall upon the family.

"But I must repay you," insisted the king.

With a sudden thought, she requested, "Will you tell the kingdoms that Lord Veldolf is your son?" She assured him that she would be with him when he would give the announcement.

Chapter Six

News of the daring rescue spread far and wide between Noxellia and Mytelista. King Fulacian beamed with pride. All villagers of both kingdoms told and retold the heroic tale. Many children listened in awe as their parents told them of the brave princess and her magical gifts. The story was never narrated before bedtime, for it would keep the children awake for most of the night.

One day, an official of King Caisia traveled widely to distribute a notice of a special announcement from the king. It was scheduled for the following week, and Princess Sophia was to accompany King Caisia.

This news made people wonder even more. They questioned one another, a few even inquired the officials, but to no avail. No one knew what was to be said.

"I never knew of this," said King Fulacian, raising his thick brow.

His answer was just a mysterious smile from the princess. Several creatures eavesdropped by the window, emitting much curiosity from their eyes as they waited in anticipation for the scheduled event.

Chapter Seven

As the sun touched the horizon of the land of Noxellia, people were up getting ready for the travel to Mytelista for King Caisia's announcement on the next afternoon.

The day swiftly arrived. Some travelers had just arrived in time to hear the king's announcement. For many, it was the first time of seeing the royalty in person, so excited voices rang loud all about, annoying those who were anxious to hear the news. The noise grew and grew until a horn was blown.

After the noise died down amongst the people, King Caisia cleared his voice, and began his tale. At first, people were sympathetic of his story of loneliness, but as he continued, people's faces reflected shock and amazement.

While King Caisia came to the point of revealing his long-lost son's name, Princess Sophia glanced at the crowd. Everyone turned their heads to the stunned Lord Veldolf. She saw that his countenance was showing the spectrum of his emotions: first disbelief and shock, then wonderment. He raised his head, and their eyes met. He smiled, and she returned his smile. At last, he was her prince!

"I have wronged, and I have great remorse for my foolish

actions I had decided to undertake during those times. I had fallen into the hands of temptation during my lonely years. I was weak, but I know there should never be an excuse for such actions." After completing his narration, King Caisia slowly sank back into his chair, wiped away a few beads of sweat on his forehead, and took a few glimpses of the people below, where murmurs were starting to be audible. Princess Sophia came forth to the center.

"You might have feelings of hatred or disappointment, but to acknowledge one's mistake and grant forgiveness is a way to move on, to throw away the past, and to look forward to a brighter future. It's a futility to dwell on the hopeless action made by one man. It won't make any difference to the deceased queen. To still look up to your king and to realize Prince Filsylon Veldolf—" Her words were drowned out from loud shouts and cheers from below. King Caisia and Princess Sophia exchanged smiles; both knew that a bright future lay ahead.

The heavy crowd of people was not the only audience that was cheering. Families of animals enjoyed a celebration of their own. Their little hearts knew that the king was forgiven by all, and the love of the prince and princess would finally be united as one.

Chapter Eight

White, puffy clouds and a fiery sun greeted the very next day. The blue sky held millions of flying colors, from songbirds to butterflies. Trees whistled a harmonious tune while the wildflowers emblematized dancing fairies. Many birds flew in pairs, mirroring a joyful scene.

Prince Veldolf and Princess Sophia, hand in hand, strolled before the kingdom of King Caisia while thousands of spectators looked on. They were to wed the very next moment.

With tears streaming down King Fulacian's face, he managed to utter, "Daughter, you make me the luckiest and happiest father alive!" He embraced his new son-in-law warmly. "Take great care, both of you!" Many embraces, handshakes, and tears and laughter were exchanged between the newly combined family members and strangers.

"My dream has come true," sighed the blissful prince, drowning in her blue eyes. He still could not get over his first sense of awe. He was a prince! It was certainly the most startling news. He was elated, not because of the elevated rank, but of his unity with the princess. He would be equally exalted if he degraded to a level of poverty as long as he could be with her.

"Our dream has come true, Prince Filsylon," corrected the princess.

The prince winced when he heard his first name. He shook his head and protested, "I was known as Lord Veldolf, and I shall be known as Prince Veldolf."

They exchanged vows before all the people. Suddenly, the clouds opened, emitting a ray of heavenly sunlight that showered down upon the happy couple. The white dove soared high, streaming a ribbon of rainbow behind it, blessing the newlyweds and both realms with everlasting peace and love.

A young girl, dressed in her best, came forth before the smiling princess, and handed her an armful of flowers. Princess Sophia took the gift with much gratitude, and bent to place a gentle kiss on her soft, rosy cheek. The girl joyfully bounced back to her father, whose silent tears were trickling down his rugged face. Princess Sophia could show such love to others, even to a mere child of the poor.

This was a tale of not only adventure and heroism, but of love and forgiveness, and its happiness it could bring forth to those who forgave and who received forgiveness. To admit one was wrong, repent, and change one's action was the model way to be. Giving a hug of forgiveness and understanding could make the world a better place, allowing all to enjoy the true meaning of life to its fullest.

Wind of Hope

Chapter One

Dense forests of evergreens and oak trees surrounded a dusty path that led to a land of unsung heroes and secret quests. It was a land of tall grasses and sparse villages. Not a raindrop touched the ground, and yet, it was not a possessor of sunshine. Days were cloudy with the sun hoping to make a defeat, but to no avail. And this land was known as Mytelista, a kingdom that was ruled by a kind and righteous king. Although Mytelista was a place of seldom visits, many adventures were told of it. Here, we awaited the tale to begin.

As the sun slowly sank behind the rocky mountains, two travelers wearily went on, riding upon their horses. The white horse bore a man, while the woman was upon the black. Even though it was too far away to catch their features in depth, one would notice the aura of eminence they elicited; their aura could be depicted by fine artists with much ease. Coming closer, one could make out these words:

"My, it sure is a long way!" exclaimed the girl with the

most enchanting voice.

"It won't be too far now," answered her companion.

"I am so happy," she sighed. "This is a dream come true."

"I'm happier," he said, smiling.

As the horses continued on, the girl sang a song of love and peace, of joy in a land of Noxellia. After a period of time, a faint outline of a giant structure came into view.

"Look, there it is!" The man pointed.

With a contented sigh, the girl smiled. How grand it would be to be living in a different world, having a whole new life. Watchful, shiny eyes studied the travelers with much interest and scrutiny. The creatures followed close behind without either of them noticing. Unlike usual, the animals were unafraid of the strangers, knowing their instincts had told them of their goodness.

Chapter Two

The castle was filled with commotion as the servants made everything ready for the couple's arrival. The maids made last-minute dustings here and there, making sure not a speck of dust was visible to the eye. During their haste, they often bumped into one another, causing something to fall, and thus resulting in extra cleanup. But not a complaint was uttered; only giggles escaped their mouths.

"Ah, son, welcome to your new home!" a man of obvious sublimity greeted the man on the white horse.

"Here we are, finally at our destination," said the young man, holding a hand out to his mate.

"There is some dust over here!" the king called out to one of the maids while pointing at a spot to his right.

"Dear Father, no need to worry, Princess Sophia doesn't mind," the man winked at the charming girl.

"Not at all, Prince Veldolf," returned the princess.

"Ah, and here's the lovely princess who saved my life!" said the king, holding out his arms in greeting. The princess graciously accepted the warm embrace.

"King Caisia, it was my magical gifts that had saved you," came her modest answer. The magical gifts were a multicolored ring of rhinestones and a white dove, which were bestowed upon her from her special friend, Dawn, who could foresee all happenings. They had the powers of helping her during times of need by changing into powerful warriors and radiating warmth as a guide.

The royal newlyweds just married a few days ago after Princess Sophia had rescued the king from the grasp of death from his own brother and the unveiling of the true title of Prince Veldolf from lordship.

The family stayed up for half a night to exchange years of missed news and acquaintanceship. But after all were with heavy eyelids and yawns, the couple was ushered to their room. After a few secret words were passed between the lovers' lips, all was quiet as the gentle blanket of night fell upon the land, with millions of shimmering jewels greeting the silvery moon, which radiated faint rays to provide comforting light across the caliginous sky.

Chapter Three

Early the next morning, Princess Sophia awoke with sunbeams kissing her intelligent brows. It was sunnier than usual, and birds were alive with their songs as some enjoyed a dance of delight, their feathers lambent with the glorious sunlight.

As the couple descended the winding staircase, King Caisia greeted them with a warm smile and twinkling eyes. Maids and servants served the first meal of the day, and entertainers began the day with fine music and tricks. Princess Sophia joined in the singing, and the most harmonic sound floated from her lips. All relished the precious moment of seeing a beauty sing with a voice like a bell as they relaxed in their seats.

Suddenly, the palace door swung open, and in walked a tall, scrawny man with fair hair and small, blue eyes. The music ceased, and all turned their heads to the newcomer.

"Oh, yes, Prince Veldolf, this is your brother, Prince Gelston," the king introduced his younger son to them.

"Pleased to meet you," Prince Gelston said while placing a kiss on Princess Sophia's delicate hand of long, slender fingers. One could notice a faint gleam in his eyes as he took in her beauty. Prince Gelston was a man of few words and seldom a thing would nonplus him, but the sight before him would even send tremors of delight down the spine of the most apathetic man. Her long, golden wavy hair was piled high on her head, adorned with gold threads and ribbons, while a few strands escaped down to frame her high forehead and soft, delicate cheeks. Her eyes of blue diamonds were mesmerizing, and a flicker of smile on her small ruby lips would be contagious to any onlookers, even to those who seldom cracked a smile. It, too, was successful in forming a smile upon Prince Gelston's thin lips.

"The thrill is all mine," she responded shyly.

The two brothers greeted each other stiffly, but with no lack of courtesy.

"I was away for a while for a mission. I guess I need to do some catching up," stated Prince Gelston, seating himself.

So, the tale was told to him in its entirety, with Princess Sophia being the main narrator. Very faint involuntary facial movements on his countenance could only be discernible by the keenest eyes as Prince Gelston listened attentively to the story, each word flooding his being.

Chapter Four

Alone in his chamber that evening, Prince Gelston cogitated what Princess Sophia told him. "A lost and found prince! Unbelievable. And another successor before me. I had thought the old fool was enough," he thought out loud. He could taste the sour flavor in his dry mouth. He paced the floor to calm the rapid beating of his heart. "I must have a way."

A sly smile slowly alighted upon his thin lips, not touching his eyes. At last, he knew the answer.

As everyone of the land was resting peacefully in their deep slumbers, Prince Gelston was planning away. His troubled heart was finally soothed, to the point he could close his small eyes in a dream of power.

The sky gems twinkled harmoniously, but with a violent force as if to give a warning. Owls hooted from far and wide, while earthly night dwellers slowly made their way in the grass and amidst the trees for a night of feasting.

Chapter Five

Days passed by with much love in the presents of the happy couple. They exchanged surreptitious glances whenever no one was looking. What were once merely acquaintances became new friends. Everyone enjoyed having small talk, even the maids joined in the conversations. Princess Sophia was no doubt a hit in the castle. Admiring glances were bestowed upon her at all times wherever she was at the moment no matter if the timing was appropriate or not.

One day, Prince Veldolf burst into their room, and exclaimed, “Sweet princess, I’m going to learn archery!”

Seeing him so happy, she inquired further. She learned that Prince Gelston, who was renowned for his skilled archery, had offered to teach him the art. She could not help but smile when she saw the innocent, boyish face of her lover. She gave him good wishes for the lessons, and jokingly added, “Do be careful where you shoot the arrows. Don’t want you to hit a maid! Know what scandal it could cause!"

"Oh no!" mocked the prince good-naturedly. "I'll be very careful," he assured the princess in a more serious tone.

But the prince noticed a tint of sadness touching the princess' sweet countenance, and questioned her, "What is shadowing you, my love?"

"I guess I miss my father," said Princess Sophia while wistfully gazing southward toward the direction of her land in Noxellia.

"Then go visit him tomorrow," suggested Prince Veldolf.

"Come with me?"

"Sorry, sweet one, but tomorrow will be a big archery lesson."

Understanding the situation, she decided to go on her own. The lovers in conversation were unaware of the frenzy from nature. The chirping of the birds was louder by the windows. Some hopped about, trying to convey a message of alarm. Although their hearts were small in size, they gave a message of greatness and truth. Furry creatures joined in their assembly, but none had a way of helping. It was no doubt a Hobson's choice; they would just have faith in the Almighty One and hope for protection. They had learned to love the couple much, and did not want to see harm cross their paths.

That night was a moonless one, with listless stars clinging weakly to their homes high above. Dark clouds threatened a storm, but the gods of the sky had issued a peremptory mandamus. Grass swayed in the wind frantically toward the castle. But nature could not do what they wished. Thus, the night wore on, with midnight melodies floating throughout the heavy atmosphere as predators resumed their nightly kills.

Chapter Six

The next morning was welcomed with dark clouds and winds that lifted the leaves in a swirl, sending them high in the air until they were no longer visible. Princess Sophia was blissful at the prospect of seeing her father, King Fulacian, again. In spite of the fact that only a month had passed, it seemed like a year for her. She felt somewhat uneasy, but she dismissed the feeling. What could possibly go wrong? She was a courageous person who had faced many adventures, most of which were too bloodcurdling to even listen to.

The regal coupled exchanged a few words and a lingering kiss before Princess Sophia set forth to her castle.

"Enjoy the archery. And please do be careful."

"I definitely will. I am sorry I could not come. Please give my warmest regards to King Fulacian." His eyes followed her as she galloped away.

That afternoon, the two princes met in a wide field of green grasses to practice archery. The targets were hung on trees several yards before them.

"Watch me," instructed Prince Gelston as he shot an arrow, hitting the target on the center. From even being with him for just a few minutes, one could tell that he was a masterful archer.

But after a few minutes had passed into the teaching, Prince Veldolf could hit the target with much ease. Of a certainty, he was a good match for his brother. Joy slowly crept in as he was able to hit the target with more frequency in fewer tries.

"Excellent," remarked Prince Gelston, amazed at such a fast learner and an eager student. "We will continue every afternoon. And you'll be in time for the big hunting tournament for the following week."

Much too excited for words, Prince Veldolf only thanked him with much warmth. The wind's ferocity was greater, so they went in for the remainder of the day. Trees swayed in the wind, making moving shadows and ghastly sounds. And if one was to listen carefully to the wind, it seemed to call out a message. The targets watched the two figures slowly fade away into the abyss.

Chapter Seven

"Father, Father!" Princess Sophia called out as soon as she was inside the vast room. The lonesome King Fulacian and Rolix, alighted on his shoulder, were watching a few entertainers doing their tricks, and were taken by surprise by the pleasant voice. The father and daughter greeted with much noise, and would not be presentable if others were present. Tears of joy trickled down King Fulacian's cheeks while Rolix made loud calls of welcome. After the emotion died down a bit, King Fulacian asked several questions that were bubbled up in his chest, impatient to keep still.

"Everything is absolutely splendid. The land is not like ours, but it is peaceful with the songbirds that happily chirp to welcome you to a new day." And she told him about Prince Gelston and the archery practice. He was amused when she compared Prince Gelston to a withering tree, despite his being some years Prince Veldolf's junior.

"But I have this feeling of misgiving," explained the princess.

The king suggested that she seek Dawn's advice. "Perhaps, she would have a message for you from God."

Hoping for the best, she set out to the prophesier's place.

Chapter Eight

"Dear child, come in. I have a cup of tea waiting for you," Dawn greeted her with a benign smile while holding the door to her cozy cottage wide.

"Oh, I should've have known!" laughed the princess.

"And I also know what's on your mind, dear."

Sitting down, Princess Sophia awaited her to go on. One look at Dawn's countenance told her that it would not be the giver of good news.

"The kingdom's power is in danger. I foresee something amiss among the trees," Dawn said with an air of mystery. After finishing, Dawn handed her a seashell of the most magnificent colors, explaining that it would be of some help.

Princess Sophia knew it was futile to ask further. It was

once again up to her to accomplish whatever mission that lay ahead. And she knew from deep down, that she could do it with God's help, for nothing was impossible for Him. With an adventurous gleam in her blue eyes, she thanked the oracle, and immediately went home for the preparation.

"Such bravery, such devotion," Dawn said to herself as a small squirrel jumped upon her shoulder. It happily received a gentle stroke in response. "She shall succeed," she said with much conviction. "God always looks after those whose hearts are pure." The squirrel gave a tiny nod in agreement.

Chapter Nine

Even before the red sun touched the horizon of Noxellia, Princess Sophia was awake and prepared to leave. With glistening tears in her eyes, she said her goodbyes to her father. With the seashell of still-unknown powers, along with the ring on her finger and the white dove on her shapely shoulder, she bravely set out. With a single command, her magnificent ebony horse of grace started at a gallop.

It would take a full day to journey across several forests and grassy plains to reach Mytelista, but she never once rested, for she sensed that time was crucial. As the horse galloped on, she took the advantage to fill her eyes with the beauty of nature. Flying colors of birds and butterflies enhanced the sheer awe of the blue sky dotted with white, puffy clouds. The sun's rays hitting various crystalline rocks sent tiny beams of light all around. She noticed a doe ahead to her left was guiding her little ones to safety, away from the approaching thunderous hooves.

Meanwhile, Prince Veldolf and Prince Gelston were practicing one last time for tomorrow's tournament. King Caisia was going to join in as well. Everyone was in much excitement, and awaited the clocks to reach that appointed time. Prince Veldolf had been improving his archery skills, but no one could emulate Prince Gelston.

"Ready for tomorrow?"

"Most definitely," Prince Veldolf answered his brother.

While Prince Veldolf's back was toward him, Prince Gelston's lips slowly formed a smile like that of a sly fox. He rubbed his thin chin with his bony fingers. It was going as he planned. As a butterfly caught the cruel smile on the face of this man of evil intentions, it fervently prayed to God with all its might.

Chapter Ten

The next day arrived at Mytelista with much speed. It was a dark, dreary day, which was unfit to be called as such. The gray sky blocked out any sunlight straining to come through; nearly the entire sun was trapped behind the menacing clouds. The sky seemed like it was going to cry any minute. But minute after minute passed with the absence of a single drop. The birds seemed to be in their graves, for not a twitter was heard, unless one would strain his ears to catch a faint sound of a chirp, though most would not discern it among other uncanny sounds.

Well-known archers flooded the palace gates in Mytelista. The men were dressed in their finest, carrying golden bows and newly made arrows with sharp points and rare feathers. They were to hunt wild hogs. The winner who made the cleanest kill would receive a bag of gold from King Caisia's very hands. Gold was much sought after amongst the many contestants; every one of them wished to be the proud owner of the prize.

As the hunt was about to start, Princess Sophia was speeding toward Mytelista. She felt the time had come. The moment she arrived, with the seashell in hand, she leaped off the horse and tied it to a tree. Without any knowledge of what the seashell could do, she simply held it tightly in her hands. Just as she had before, she knew she would need to follow her instincts and the voice which spoke from her heart.

She made her way toward the field where the men had gathered to wait for the signal to start the hunt. Moving alongside some large rocks, she managed to hide from everyone's view. With her keen eyes, she quickly scanned the area. Then, she spotted Prince Veldolf straight ahead, concentrating on a shoot, unbeknownst to the danger lurking amidst the trees. Stealthily, she inched closer as another figure eyed him as well; this one did not have good intentions.

Then, from the corner of her eye, something caught her instant attention: a figure creeping toward her lover from behind, with a pose of readiness to shoot.

Silently and rapidly, Princess Sophia positioned herself in front of Prince Veldolf without either man noticing. As the man was about to release the arrow for a deadly deed，Princess Sophia instinctively raised the seashell without a second thought. As the arrow flew toward the prince，the seashell simultaneously emitted a gust of wind，diverging the arrow's path from harm's way. Immediately following suit，Princess Sophia's magical ring sent a piercing beam which miraculously set the assailant's bows and arrows afire，leaving the man otherwise unharmed.

It all happened in the duration of a wink that none of the two men even had the time to react. Prince Veldolf was so startled by the flash of light，he tripped over his own feet. He did not even know that he had just missed the gates of death. And as for the villain，he nearly cried out for the soul of his deceased mother.

As if these fantastical happenings were not enough，the white dove circled around the villain，sending feathers to the ground at his feet. As soon as they touched the damp earth，each feather transformed into a magnificent knight with a long，shiny sword. Thus，the would-be murderer was trapped.

Little did they know that God's creatures were elated by the victory. Even the wild hog，that was just about to be killed by Prince Veldolf's arrow，gave a prayer of thanks，not because his life had been spared，but for Prince Veldolf's escape from a horrid fate. He would readily sacrifice his own in exchange for the prince's if he could have the powers of saving him. Every creature loved the kind prince dearly. It was certainly a joyous time for all.

Chapter Eleven

"Unbelievable!" was among most of the remarks ejaculated a moment later. "Monstrous!" came the shout after the truth of the unsuccessful murder was realized. Princess Sophia was once again congratulated, this time for saving the life of Prince Veldolf. She only shook her graceful head, which did not have even a single strand of hair out of place, and said modestly, "It was my heart that had guided me. And certainly, I owe it all to my dear friend's gift of the wind-hurling seashell."

All the people were captivated by this brave princess' narration. Who could have thought that such beauty would own the courage of twenty finest knights? But King Caisia was not surprised at all. He had personally witnessed his own rescue from this angel from above. Surely, she had been sent down by the Heavenly Father!

The rescued prince and the princess shared a warm embrace. The gratitude his dark eyes shone was beyond the reach of words.

After the king's knights brought forth the man of murderous soul, King Caisia looked away. He could not bring himself to look upon the eyes of that man.

"You can't send me to the gallows, you just can't!" pleaded Prince Gelston with cowardly fear flashing in his eyes, which became dim of their blueness.

"You, the doer of evil with harm in your intention, you shall not live to see the light of day for another moment. You are a disgrace," declared the king with much hurt and sadness. After all, the man was his own son. He could not bear it any longer. After thanking Princess Sophia profusely, the king dismissed himself and retired to the castle.

The prize and hunt were all forgotten. No bag of gold was given out, and no archer came forth with his hunts.

The seashell was still in the princess' hand, and while a gust of wind was blowing her way, the shell caught it and sent it high amidst the clouds, parting them to allow the sunlight out.

A relative of the squirrel, that was a friend of Dawn, spread the news to Noxellia. A smile touched Dawn's lips when the news came to her ears. The oracle rejoiced together with the animals, for she knew their languages. King Fulacian's heart gave a leap once it traveled to his castle, but he was unafraid for his daughter. She always had a shield of protection from Him.

And so, here we close the chapter to yet another once-untold tale of the land. The strength of magic was undefeatable, but the power of a daring, kind heart was more so invincible.

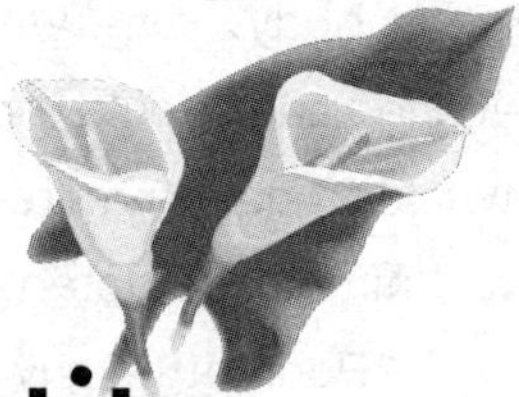

True Identity

Chapter One

The arrow flew straight up, high in the cloudless sky of early morning, then fell with a final landing on a wild hog for a perfect kill. The arrow pierced the heart on the spot, leaving a small wound visible. Songbirds sang of peace as the spirit slowly left the body into a new world. A small stream of blood slowly trickled down, painting the green grass dark red. A gentle breeze whistled a tune while the wildflowers swayed in a dance. New, young leaves of spring started to ripen into fullness, and the short trees grew steadily on the grounds of Mytelista. And so this tale began here once again in the land of dense forests and wide, vast plains.

Faint footsteps were slowly made audible, and they were clearly coming the way of the kill.

"Ah, look! I got a big one by the looks of it," came a voice of distinguish.

The man hastened his step, and at last his destination was reached. Bending down, he took away the arrow from the still-warm body. One whose eyes rested upon this fine, handsome young man would be certain of his sublimity. His dark eyes twinkled good-naturedly as he took in the size of his kill. Lighter and nimbler footsteps were heard coming his way.

"Poor little guy," said the most enchanting voice, which obviously belonged to a beauty.

"Yes, but it will be a nice dinner for this evening. Well, shall we make back to the castle?"

The girl nodded, and together with the hunt, they began home. Even though it was only midmorning, the lazy sun was still not fully awake, and it sluggishly rose heavenward to its blue home where it belonged.

Chapter Two

All the people were in excitement during a busy preparation for the yet-unexplained event in the grand castle. Many maids were scurrying hither and thither, making sure nothing was out of place and that all corners and even the least-noticed nooks were spotless. They knew the king's sharp eyes would catch even the tiniest trace of their negligence. Today, they hoped, the king would be satisfied with their cleaning. But they, and all people of the land, knew of the king's kindness and generosity, and that he would seldom pick on anyone, except sometimes merely as a fun tease.

"This is marvelous! Thank you, son, for the beautiful hog. My mouth is already watering!" exclaimed the king.

"No need for thanking me. It was an easy shot, wasn't it, Princess Sophia?"

The princess nodded, with a wide smile on her full lips. "Everyone knows you, Prince Veldolf, are a famous archer." It was certainly a true statement. The prince was renowned for his masterful skill, which surpassed all in the kingdom. But only a year before he was but a mere learner of the art. He had taken lessons from his younger brother, Prince Gelston, who was the best archer of that time. But the murder had been the actual reason in teaching his elder brother. That plan had almost been put into action and would have succeeded if the courageous princess had not come just in time to rescue her mate a moment before Prince Gelston was going to deliver his arrow of death. Thus, afterwards, Prince Gelston was brought to justice and rightfully executed.

Lying upon a table, a letter held these words:

"All people of Mytelista and neighboring lands are invited to celebrate King Caisia's 50th birthday."

Chapter Three

It was a dark, stormy night, and gusts of wind were billowing like ghosts in pain. Trees swayed menacingly from side to side, and their branches of long talons clawed feverishly in thin air as if trying to grasp a place of safety from the storm.

Weary passersby traveled on to reach their destinations beyond this land, but instead found themselves trapped in this storm, and therefore were forced to take a night under some shelters they managed to find.

In a small house of dimly lit rooms, a voice floated out like smoke. Although it was not an ugly sound, it certainly was not a charming one, either. The voice was coming out of the lips of a dark-haired girl of fair skin and gray eyes. She was singing a melancholy song of endless quest for love. The girl was the witch of this land of storms, a land known as Zorna.

"I searched far and wide for a handsome youth for my mate —a mate who matches the storms, a man of power. His eyes shall be the blackest night, and his hair shall be the cinder of stars that were burnt and shriveled. This man will be mine. I, Ornelle, the doer of all spells and magic, will have his love!"

All men cringed to even hear her name spoken among the sparse village. None dared lay an eye upon her. Although she was a beautiful girl, her beauty was only skin-deep, and her heart was like the icicles that hung on the branches during the silvery winter. Her magic was powerful, but not powerful enough to do good. Her powers were limited to mainly changing the forms of the objects that she wish to distort. She had vivid dreams, but she often ignored them, for surprisingly, they were vague predictions of the future. She was too proud to believe in her dreams. Her powers, she thought, surpassed all images conjured by dreams.

As the storm raged at its worst, she decided to take a stroll in the village. She loved taking in the beauty of darkness. She passed a few houses on the way.

Something that was fluttering on a door caught her eye. She went over, and read the words of King Caisia's invitation. "Ah, I see that everyone is invited. I shall leave right away since it will begin soon." But she knew all too well that even if she had not been included, she would still go. Zorna was a far land of some miles, and it would take a traveler several days to get to Mytelista. But with her powers, Ornelle would get there just in time for the feast.

Conjuring up a spell, she closed her eyes. "Winds from afar, storms of hail, take me there, for a time of ball."

Chapter Four

The hours flew by so rapidly and before anyone realized it, the feast was only minutes away. The maids, as usual, made one last round of inspection until not a speck of dust was spotted. And with a sigh of contentment, they waited for the feast to begin.

Thousands of people streamed in of all titles, shapes and sizes. Men were dressed ranging from tunics and capes to trousers, while women wore cone-shaped hats with long veils. Embroideries and beads were present on some richer folks. But no matter how finely the guests were adorned, Princess Sophia surpassed them all in her magnificence. Her long, wavy golden hair was coiled on top of her head, bedecked with golden ribbons and threads, while a few strands of wavy hair hung

loose. Her eyes of blue diamonds shone with delight. The velvet of her ocean-blue dress accentuated her curvaceous figure.

King Caisia， with sparkling， regal eyes， and Prince Veldolf， dressed in a black cape， enjoyed the view from above their balcony. It was surely a wondrous sight down yonder!

Ornelle arrived， weaving into the huge crowd. She was dressed in black from head to toe. Her black veil half hid her pale face. She was looking all around her， no doubt searching for the right man.

Everyone was crowded in the splendid castle. Entertainers had already begun making pleasing melodies and performing stunning tricks. The polished marble floors of the ballroom and vast hallways reflected thousands of happy faces. Couples were sweeping away on the dance floors， and the royal couple was amidst them. Many men tapped on Prince Veldolf's shoulder， requesting a dance with the charming one. With a droll smile， he graciously handed her to them.

Ornelle， of course， did not have a partner. All the men ignored her， each sensing discomfort when they got near her. She was looking for a partner with no luck. Suddenly， her eyes rested on the handsomest man she had ever laid eyes upon. She was just about to go meet him when she heard a sweet voice calling him. Thus， he turned around and left the spot.

That must be his mate， Ornelle thought， disdainfully as she saw Princess Sophia resume the dance with Prince Veldolf. "No worries， I shall have my way，" she promised herself.

Chapter Five

The early songbirds with bright plumage greeted the next morning. Although the sky of Mytelista was usually dim of sunlight, this day lacked brightness more than usual. The leaves, which just a few days earlier were springing to life, seemed to have withered. The princess stood on her balcony, taking in all the changes, with a gape.

"What's wrong?" asked Prince Veldolf when he saw her expression.

She pointed at the leaves and the sky. He agreed it was quite unusual. "Looks like it's winter. Well, then I will have fun in the snow this time. You will let me this time, won't you?" joked Prince Veldolf, laughing when the memory of last winter invaded him. Princess Sophia had teased him about acting like a young boy seeing the snow for the first time.

"I will be going out for a while after a bit. I would like to do some sightseeing," she declared, with a flash of adventure in her blue eyes.

After breakfast, King Caisia suggested a game of chess.

"You two can go on. I'll go for a stroll," said the princess.

"Ah, good, then that will give me a chance of winning the game!" laughed the king with amiability in his eyes. Everyone knew that a game with Princess Sophia would be challenging, and all games were usually won by the princess.

Princess Sophia walked on the dusty path that led to a group of tall trees that was not suited to be called a forest. On the road, she sang a low song. Her soothing words filled the air. Many animals stopped what they were doing and listened intensively to her song.

Just as Princess Sophia was bending down to pick some flowers, a hand suddenly covered her mouth, and her hands were bound. The surreptitious attack came so abruptly that she did not even have time to react. Her eyes were blindfolded, and she felt herself floating. Yes, floating in midair, because it certainly did not feel like hands were carrying her. After a few minutes into the capture, she felt a sudden drop on a hard surface, and immediately the closing of heavy doors followed. The bindings on her hands came off, and so did the blindfold.

Once her eyes adjusted to the darkness, she could make out a mattress of straw in a corner with a bowl of water at the foot of the bed. A small barred window was set near the ceiling high on the wall to her right. The huge iron door was locked. The small beam of light coming from the window was the only light source. She, for once, was extremely puzzled. Who could have brought me here? Where is this dilapidated place? And who has so magically carried me? All these questions hammered in her head, demanding answers. But she was not scared. She knew she would find a way out and bring whoever was responsible for this atrocity to justice. But only if she had her magical gifts! They would surely get her out of here instantly. The gifts were bestowed upon her on her seventeenth birthday by her special friend, Dawn, an oracle who could foresee all happenings. The two gifts, which were a multicolored ring of rhinestones and a white dove, had helped her to save the lives of many of her loved ones. Now, it was her life in danger. But who could save her?

Chapter Six

The game of chess was played for the duration of the entire morning. Not until after noon did they finally stop. An equal number of games was won by each of the two players.

"Well, at least that was seven for me. You know, with the princess here, that number would be a zero instead," mused the king.

"But did you notice that she still hasn't come back? It usually doesn't take her this long." Right after the prince finished his last word, the palace door swung open and in walked Princess Sophia.

"I'm back, dear prince!" she called.

"Oh, good, I was getting concerned for a minute there," said Prince Veldolf, greeting her with open arms. The princess snuggled herself in his embrace. The king offered a game of chess, but

she swiftly waved her hand and turned away without a single word.

Chapter Seven

That night in their room, Prince Veldolf and Princess Sophia were gazing at the stars through their window, which was glazed with mullioned panes fitted with ruffled, embroidered curtains. But after only a few comments on the stars, she turned away and went to her dresser. Prince Veldolf felt something was amiss with her, but he did not question her. He thought she was probably tired from the long walk that morning.

Princess Sophia rummaged in the drawers, looking at things here and there, but none of the objects took her interest. Then her eyes rested upon a ring of golden band with floral designs carved on brilliant rhinestones of all colors. Thinking it was the most beautiful ring she had ever seen, she picked it up for a better examination.

"Ouch!" exclaimed the princess, dropping the ring on the floor, but it was unharmed, without even a scratch on it.

Startled, Prince Veldolf inquired about it. She only dismissed him with a shrug of her shapely shoulders. "Just a bit on the warm side."

He picked it up and put it on the table. He did not feel any warmth from it. Really concerned with her, he suggested that she should get some sleep. Agreeing with him, the princess went to bed without saying a prayer, which was her nightly ritual; some prayers even lasted long into the night. Again, Prince Veldolf thought the princess was probably too exhausted for prayer and dismissed his misgivings. He walked around the room, went over to the window, and opened it wider to get a better view of the moon. It sure was a beautiful scene, with all the star gems twinkling, giving their light of serenity and love to the land. Silhouettes of trees slowly swung in the rhythm of the wind. At last, sleepiness came over him, and slowly his eyelids closed, with his eyelashes gently brushing against his cheeks.

The moon beamed a faint shimmer of light down on the peaceful valley below. But all was deceiving. The land might appear peaceful in its deep slumber, but amidst the winds, there was a rage of sorrow. The trees whistled a sad tune. If one would listen carefully, a message seemed to be calling forth for help.

Suddenly, a small fleck of white form soared in the black velvet. It slowly made itself toward the open window of the couple's room. It quietly descended into the room, and immediately flew out carrying a shiny circle in its beak. Soon, it soared high, and was out of sight in a flash of lightning.

Chapter Eight

As the princess was dreaming beside the prince, a small creature flew toward the west. The stars hung in the sky, decorating its darkness with brilliance. But soon, it would be their time of slumber as twilight slowly diminished.

In the dusty confines of her cell, the princess was kneeling beside the mattress, with her head bowed. She silently prayed

to the Almighty One, her countenance shining with gratitude for all His blessings. In her heart, these words were spoken: "Heavenly Father, I thank you for all the blessings you have bestowed upon me. Thank you, Almighty One, for such a loving family. Please watch over them and see that no harm will come their way." She also gave her thanks for the wealth all lands had received from Him. She prayed for support and guidance. She wished a way out of that gloomy place. She hoped that everyone would not get too upset, but would come out and search for her. Little did she know that no one even suspected her loss, and that another Princess Sophia was in her place.

All of a sudden, she heard a sound coming toward the window. She stood on tiptoe to peek out the high opening. Her eyes grew larger and brighter, matching the brilliance of the moon. Her tiny hand involuntarily moved toward her mouth in surprise. A speck was becoming bigger and bigger as it got nearer, and in no time, her keen eyes discovered it was the mystical white dove. Surely, her prayers were answered from the Heavenly King from above.

The dove flew ever so gracefully into the cell, carrying the ring in its beak. Taking the ring gratefully, the princess thought of a way out. She knew the ring could emit warmth as a guide, and could even elicit a beam of light to burn something in target. Slowly, the ring on her finger began to glow, and soon afterwards, she felt the warmth on her finger. The ring captured the faint ray from the moon outside the window, sending a beam of light that burnt the lock of the iron door. Ah, this was how it felt to be free!

She gently swung the heavy door open, making sure it would not squeak on its hinges. She was out at last. Looking in both directions and behind her shoulders, the princess stealthily made her way up a winding staircase. The dove followed close by. The ring was getting warmer, so she knew she was finding her way out.

Suddenly, she heard shouts. Her escape was discovered. She heard a rush of footsteps running from behind and headed her way. The only way she could move was forward, and so the unflinching princess continued on with a tenacious stride. The sounds of the men were becoming louder, and it would make anyone faint with fright, but it did not do the merest thing to the princess.

"There she is!" a man shouted. They were getting closer with the pursuit when suddenly, the dove's feathers began to fall off one by one. As the feathers touched the steps of the stairs, each of the white feathers began to change shape. Slowly and steadily, a courageous knight stood in the place of the feather. The men below were dumbstruck by the sight that met their eyes. For a moment, none of them moved a muscle.

But once the battle was started, the magical army of powerful knights with great swordsmanship, defeated all the men, sending some scrambling away with the speed of light.

Chapter Nine

Bright sunlight streamed into the princess' chamber. Loud, happy songs were sung by the birds, which fluttered wildly as the wind whistled a tune of triumph.

"Ah, looks like spring is back, and with an extra zest!" exclaimed the prince, turning to his princess. Princess Sophia did not say a word. "Anything the matter, dear?" he inquired when he no longer could hide his worries.

"Nothing," was her laconic reply. Upon awakening, the dream from last night invaded her memory. She had the most peculiar dream of a giant dove with a jeweled crown upon its head. How could she dream such an absurd image since she did not have any interest in such a creature? Just another of my ludicrous dreams, she silently thought, hiding her disgust from the prince. She snuggled closer to him.

Feeling somewhat uncomfortable, he suggested that they should be getting downstairs to greet King Caisia. Reluctantly, the princess nodded her head.

"Dear Sophia, how was your night?" King Caisia greeted her as they arrived by the table.

"Fine," she replied, and turned away without another word uttered. The king was touched by surprise mingled with concern, for she never answered inquiries with such absence of thought.

As everyone was just settling down by the table, the palace door suddenly swung open, and in rushed the real princess with the dove hovering above her head.

"She is an imposter!" shouted the princess, pointing to the figure sitting next to Prince Veldolf. Princess Sophia gave a start once those words came forth from her lips. Her hand instinctively moved toward her throat. What is wrong with my voice? she thought, frantically. The words which she had uttered sounded foreign, betokening a voice of a stranger.

"How dare you barge in unannounced?" demanded the prince, infuriated.

Not believing her own ears, the princess explained the deception. "My prince, please believe me. I'm the real princess, not her. I was brought to a cell when I was taking my stroll last morning." But the prince just stared at her with suspicion flashing in his eyes. As she was pleading, she happened to glance in the mirror next to her. What she saw made her heart stop. Ornelle had cast a spell, and had switched their identities! Of course, the prince did not recognize her. How could he when she, along with her voice, had acquired the appearance of another? The imposter secretly curled her lips into a cruel smile.

"She is a witch!" shouted Princess Sophia, trying to make Prince Veldolf believe in her.

"How dare this stranger accuse me of things I'm innocent of? I had never set my eyes upon her before. Take her away, guards!" ordered the imposter.

But the prince, who was known for his fairness, told the guards to leave the stranger alone. "Let her explain fully before she is taken away." Fuming, the imposter got up from the table and walked a few paces toward the true princess.

Praying silently for help from God, she held out her hand with the ring. Suddenly, the sun by the main window projected a bright ray, touching the ring. The ring instantly sent a beam onto the imposter. The fake princess gave a cry of pain. Slowly, her magic powers faded away. Evil could not stand the ray of goodness. Before all the spectators, the princess slowly changed back, regaining her beauty once more, while Ornelle fainted on the floor. Once again, good won over, and evil was defeated.

Chapter Ten

The news spread far and wide, from land to land, of the witch's evil spell and of the frightful experience that had befallen the princess. The air was alive with brightness with thousands of flying colors. It was a sunny spring day that seemed like the brightest day of summer. The wildflowers and tree blossoms were in full bloom. Hummingbirds darted from flower to flower, getting a taste of the sumptuous nectar.

Beyond the gates of the palace, Ornelle received her sentence to the gallows for her evildoings. Princess Sophia narrated her ordeal. All listened with wide eyes as they absorbed the awfulness of the moment when she saw that she had another appearance. Everyone was outraged by the atrocity. Men of Zorna released sighs of relief. They knew that they would no longer have to avoid the witch's glance. And the land of Zorna would probably get the sun back.

The now helpless Ornelle, bereft of her powers, answered some of Princess Sophia's queries. "You were locked in your own dungeon. I told the guards to keep an eye on you, and that you should be executed for a crime you had committed. They believed me, and asked no questions, for they saw my image as you." And before she could take one more breath of the fresh air, Ornelle was executed. Many turned their heads away that instant as the lifeless figure swung back and forth in the wind.

Prince Veldolf and Princess Sophia held each other in a long embrace. King Caisia was the next to embrace her. All felt that it had been a long time since they had last seen her. Prince Veldolf told her of the strange behavior of the imposter. They both started to laugh. How grand it was to be her own self again, and to be with the family she loved.

Another day passed, another tale told, another episode to add to the thousands of the land's magical happenings and daring quests. As the sun slowly sank for the prospect of a peaceful slumber, the valley awaited the next adventure to touch their lives.

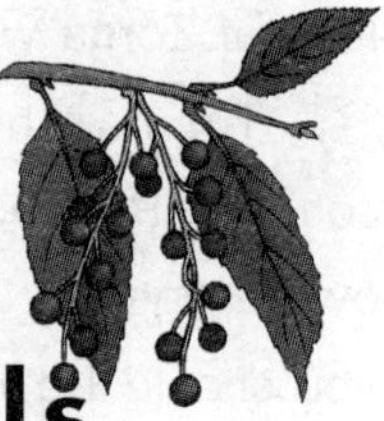

Life's Pearls

Chapter One

The small, shiny sphere slowly descended from its heavenly home amidst the clouds, and it ever so gently landed on the cold ground. But it was not cold enough to substantiate its life, so it quickly melted. Soon afterwards, many of its relatives followed suit. As they slowly collected on the ground, the earth received a white, glistening blanket, covering the dying grass beneath. Soon the winter wind blew across the field, bringing some of the white blanket along with it, distributing a thin layer evenly to other places. The naked trees were bent and crooked, but as if to add to their strain, heavy snow began to fall upon them, making them sag even more. The silvery sky slowly lit up as the sun began to rise from the horizon of the land of Mytelista.

The sounds of laughter danced all about, with faint echoes bouncing in the still atmosphere. A snowball flew up high in the air, making its way over a bush, and landed with a thud on someone's head.

"Okay, I surrender!" yelled a handsome man of eminence,

getting up from behind the bush while holding up his hands.

"It sure is snowing heavily this time," came a giggle of the most musical voice that was ever heard. "Let's go inside; I'm a bit tired."

The man quickly came over to the girl's side, and both started home, while he supported her along the way.

As they opened the door, they were greeted with, "You ought to be ashamed of yourself having the princess out in the cold when she has a little life inside of her," a kind, old maid by the name of Esta motherly scolded the man. "You two act like little children playing in the snow."

The two burst out laughing. They did feel like the young folks sometimes. Just because they were living lavishly in a prodigious castle with servants and maids all around the palace waiting to tend to them every moment, and being the children of the kind king did not mean they should be avoiding all the fun in life. But certainly, they would not act so before guests.

"Princess Sophia, you should sit down and get some rest," advised Esta, guiding her to a chair. Esta, a kindly woman of auburn hair and a pleasantly plump figure, was a new maid who came into the royal family last autumn. And ever since the first day, they graciously added her into the castle, not only as a maid, but also as a close friend.

The man, who was obviously the princess' mate, looked at her with admiration and excitement.

"Prince Veldolf, you look like you're the one who is going to have the baby instead," teased Princess Sophia after noticing Prince Veldolf staring at her, with a loving smile. Princess

Sophia could not help but to smile, too. She was very much so excited for her first unborn child. It felt amazing to be supporting a new, small life in her.

"Where is our father?" inquired the princess. "I haven't seen him today."

Prince Veldolf sadly answered, "He hasn't been feeling well." That morning, Prince Veldolf had visited his father in his chamber. The king's complexion was pale, and his eyes of usual vigor and life were dim and listless. All these were not told to the princess, for Prince Veldolf did not want to put worry upon her heart. Plus, the doctor said that the baby would be due in a month.

As they slowly ascended the winding stairs to their chamber, Prince Veldolf and Princess Sophia each had thoughts of their own. Prince Veldolf's concerns of his father grew and grew as the night wore on, but he managed to close his eyes, meanwhile saying a silent prayer.

Owls hooted in the distance followed by flaps of wings as they swooped down to catch their night kills. The moon majestically rose, making its way outside the couple's window as if providing protection against all the wild hungry beasts down yonder.

Chapter Two

Before the orange sun even touched the land, the songbirds, that were left to spend the winter, began their choir of harmony. Last evening's snowfall had left a thick blanket of white wool on the ground, and the branches were hung with jewels of ice as tiny droplets of water dripped from them.

The royal couple went down to greet everyone. As they seated themselves, Prince Veldolf asked Esta, "How's the king today?"

Looking as bright as she could get her worried face to appear, she managed to say, "His Majesty needs plenty of rest. King Caisia will get well in a day or two," she finished with an air of optimism.

That noon, Prince Veldolf made his way to the king's chamber to see how he was feeling. The sight that he beheld stabbed his heart with pain. The king's face was gaunt and haggard. His lips were akin to a wintry sky. When he sensed someone was in the room, he slowly opened his eyes with much effort, and through his lips came these feeble words, "Son, you shall make a fine king. Rule this land with justice and honesty. See that no innocent man shall be executed wrongly, and see that all guilty ones shall be brought to justice. I have not much time left in this old body of mine. My spirit is in need of freedom from the world's demands..."

Unable to respond, the prince just knelt beside the bed, holding one frail hand of his beloved father, with silent tears slowly trickling down like the tributaries of a river. None of the well-known doctors had any remedies to restore the king back to health. All said it was hopeless.

Prince Veldolf quietly left the room as the king fell asleep. His dark eyes were still damp when he went to his own chamber and closed the door, unbeknownst to the princess' presence.

"Oh dearest, what's wrong?" asked Princess Sophia with a look of great concern painting on her beautiful countenance.

The prince, startled by her voice, swirled around to face her, "I didn't want to tell you, but father is ill." Slowly, the pain of Prince Veldolf reflected on the princess' face. The sorrow was too much for words. Together, they prayed to the Almighty, asking Him to extend the life of the king, or if it should be his death soon, to guide King Caisia's spirit peacefully out of the body and into the long journey. They thanked God for the king's kindness and all the great actions he had bestowed upon all mankind and the creatures of the world. Joined in their prayers were animals of the land and fowls of the sky.

Chapter Three

"Get the doctor! Get the midwife!" came the shouts from several voices simultaneously one dawn. The entire castle was in tremendous excitement as all tried to fulfill their duties in helping the princess in having her baby. It was a month later after that sad night with King Caisia, but miraculously, he still held on to the thin thread of life. His health was not better, yet it did not worsen. Prince Veldolf felt a bit of optimism creeping inside of him as the days passed. Maybe, the king would make a defeat, and get away from the grasp of the gates of death. But his thoughts were not on his father as he sat by his mate's side to witness the miracle as she gave birth.

Suddenly, a baby's cry rang out, spreading to all sides of the vast room. It certainly was a healthy, loud baby.

"Oh, a beautiful girl!" exclaimed the midwife, cleaning the infant. Tears of joy rushed forth from the eyes of the proud parents. It was truly a day of remembrance and mirth, a joy too greater for words. After the doctor performed the necessary procedures to ensure all was fine, he handed the newborn to Princess Sophia. When her eyes fell upon the new one, she exclaimed joyously, "My darling, my dear new friend!" The baby was the most pleasing sight to the eye, with beauty radiating like sunshine throughout the spacious room. With her father's dark hair and her mother's eyes of blue diamonds, bluer than the bluest sea and sky, she could make all other parents of the land stare in awe and envy.

"Her name shall be Princess Arzella," declared the new mother with a wide smile on her small ruby lips.

A feast of celebration for the birth was held that evening with just the royal family. Unfortunately, King Caisia, still ill in his bed, could not attend. Prince Veldolf brought Princess Arzella to his father's chamber. The still-regal eyes of King Caisia reflected much pride and bliss.

That night, with the baby in her arms, Princess Sophia slowly made back to her chamber with Prince Veldolf beside her. Cooing softly, she gently placed the little one in a ruffled crib next to the bed. She was a quiet child, with wide eyes scanning the entire room.

All of a sudden, a small white form fluttered into the room from the open window. The couple looked on with interest as the white dove landed on the crib; its round head tilted to the side, looking at the little princess. And Princess Arzella was looking back at the bird in return. The dove and the child stared at each other steadily, as if to communicate a secret that was not known to any others. The parents exchanged curious glances. When the dove spread its wings and flew away, Princess Arzella held out a tiny hand as if waving goodbye until the time when they would meet again.

As they were about to fall asleep, the scene with the dove played and replayed in Princess Sophia's mind. She felt something secretive had been passed between her baby and the dove. She fell asleep, entering into a world of dreams with endless rainbow along the sky and stars twinkled amidst it. And in that dreamworld, a yellow star was discernible on earth.

Chapter Four

"I had a dream last night," Princess Sophia told Prince Veldolf, "it was a dream of most oddity." She further narrated the dream. In it, a voice from high in the celestial heavens told her to plant the first thing she saw that would be out of place. The prince listened with furrowed brow. She also added that the juice would recover King Caisia. With that, Prince Veldolf nearly yelped, and asked numerous questions rapidly, but none could be answered by the princess. They could only act upon their instincts. Something out of place? What could that possibly be? All kinds of questions pounded in Princess Sophia's head. She would do anything to save the king's life.

As days sped by, nothing seemed to be out of place or amiss in the castle or beyond. Princess Sophia searched far and wide, but all in vain. Then, she thought that she was probably trying too hard, and that the thing could come naturally at the right time.

One evening, as the couple was seated at a long table, enjoying their meal of breads, soups, and porpoises, Prince Veldolf made a face when spooning in some vegetable soup. He took out of his mouth something that seemed like a single strand of black hair. "I guess I'll go bald soon," he chuckled, thinking that the hair was his.

But the sharp eyes of the princess thought otherwise. "It's too curly to be yours." After examining it closer, she exclaimed, "Looks like Princess Arzella's!" Everyone was truly befuddled. He inquired the maids. They had washed the baby's clothes earlier, but the dishwater and the water of the clothes did not mix. And it could not have been any maid's, for none had dark curly hair.

After the meal, all left the table; maids went off for their chores, and the couple went to check on the king. To everyone's unspeakable joy, he persistently held on to his life.

"What are those?" The prince pointed to a few short silk-like threads on his bed. The couple exchanged glances when they realized that they were Princess Arzella's hair.

The princess took Prince Veldolf's hand and dragged him out of the room. After she closed the door, she burst out, "The hair!"

"You mean...?"

The excited princess only nodded. Without another word,

the princess rushed outside, with the prince trailing close behind her. She quickly planted a few strands of the baby's hair and watered them tenderly. For any who happened to stop by and see what the princess was doing, they would surely think that the princess had finally gone mad after so many years of frightful adventures and rescues.

She did as her instinct and dream had told her to do. Now, all that was left to do was to wait for any miracle to happen.

The thawing ground welcomed the strands of curly hair. With spring coming its way, it would be a good time for growth. Would they yield a flower, a tree, or something mystical that no king nor queen had ever laid eyes upon?

Days passed with the princess watching over that spot, but nothing happened. Still, she was with hope. As birds flew here and there, finding worms, they never came near the spot as if knowing it was a place of sacredness, and they should not disturb it. Nightly, the winds whistled a soft tune as if to wish the unknown plant a peaceful slumber.

Chapter Five

One dawn, Princess Sophia was awakened by loud chirps outside her windows. The birds usually greeted each morning with happy twittering, but today it seemed that they were greatly excited by something. Princess Sophia swiftly got out of bed and went over to the window. Her eyes immediately rested upon the earth where she had meticulously planted her daughter's hair.

There, right before her eyes, was a small green stem with a single delicate leaf poking out from the ground.

She heard a sleepy voice from behind her. "What's all the excitement?"

Without a single word, she went over to Prince Veldolf's side, and led him over to the window. His countenance reflected sheer fascination. They both knew that the king would be saved.

Each and every day, the magical plant, which they had named Arzella's Blessing, grew ever so steadily. The stem got thicker and thicker, and after only a few days, it was thicker than most of the plants that had ever grown in the kingdom.

Now that the plant was bigger, it had started to produce a small yellow bud at the top. The bud was quite out of proportion to the large stem. All in all, it was a queer-looking plant. But they knew that it had the magic power to cure the king.

Word of the plant spread far and wide. Many travelers came and inquired about it, but little was learned. Only a few pieces of information were gathered.

One day, the secret was spread to the ear of a man in a faraway land. He eavesdropped as a few men gathered on the streets to exchange the news of the plant. He listened with much care. He narrowed his small eyes, making him look as if he had no eyes at all. "Everyone far and wide, from all the lands, every sickly mother or child, would come and seek for my magic cure if I could get this plant into my hands. It would be great to make lots of gold," he said to himself, conjuring up a plan. He was a man who always went about his way, trying to get his thick, rugged hands on wealth. "I got it!"

Chapter Six

"The plant is in full bloom now, and in a brilliant yellow, too. It also produces the rarest fragrance that can spread to a great distance," the princess told the maids as they were enjoying their meals one evening. Everyone was in a jubilant state. They all loved the king, and wanted him to get well and see the twinkle in his eyes again whenever he played chess—even if he lost the game to Princess Sophia.

"I believe tomorrow shall be the day," hoped the princess.

Thus, the very next morning, the first thing Princess Sophia did was to go outside. Strong sunlight greeted her. All was touched with warmth and love. She had a strong feeling of happiness washing over her entire being as she gently squeezed a few drops of the juice from the center of the blossom into her palm. With no delay, she hastily scurried to King Caisia's chamber and dripped some of the juice between his dry lips. Holding her breath, Princess Sophia watched with pounding heart as color slowly came to his cheeks. It was working! King Caisia's eyelids fluttered, and slowly opened. "Ah, daughter... I feel...feel so different."

Princess Sophia was so joyous that she could only shed several tears and squeeze his hands, which even showed some signs of life.

At that instant, Prince Veldolf walked in. Seeing his father with rosy cheeks once more, he gave an elated leap and rushed over to King Caisia's side. "Oh, Father, this is so grand!"

"But how...?" wondered the king. Princess Sophia began telling him the tale, starting with her dream. He listened in sheer wonderment. It was truly a God's miracle to have little Princess Arzella to save his life. Who could have thought that a brand new young life brought forth to this world could save the life of a king? The gratitude shone in King Caisia's eyes which had already regained their liveliness. Before it was Princess Sophia who had saved his life, and now his life was saved once more, and this time by his granddaughter.

Outside, the heavenly realm and grounds were having a celebration of their own. The sun smiled down upon all in sight, glorifying all places with light of virtue. The white, puffy clouds and flying colors accentuated the beauty of the sky. Birds swirled together in a dance, followed close behind by their young ones.

Chapter Seven

After the rejoicing died down (though it never would completely), the inhabitants of the castle went back to their daily routines, carrying no more fear on their backs. King Caisia was in full health once more. He began to laugh again when he delighted in a few games of chess each day.

One day, as the king and his daughter-in-law were engrossed in their chess game, Prince Veldolf interrupted them with a look of excitement. "You look as though you had shot two hogs with one arrow," declared the king, chuckling.

"Or actually, three hogs," giggled the princess. "What's the grand news?"

"Yes, let me tell you what has happened," started the prince. "I will be shooting arrows with a fine archer."

"A fine archer?" repeated his father. "And from where has he come?"

"From a land called Breshwelsh," replied Prince Veldolf. None had heard of the land, but they shared the happiness with the prince. "I will introduce the man, Sir Aschna, to you tomorrow evening," promised Prince Veldolf.

Afterwards, the game resumed, and to everyone's surprise, the king won.

Chapter Eight

The man slowly followed Prince Veldolf down the palace corridor as he led him to meet his family. His eyes took in all the magnificence of the baronial rooms and wide halls. He felt a sting of envy as he quickly scanned every corner of the splendor.

"This is Sir Aschna," Prince Veldolf introduced the man to his family.

"I am pleased to make your acquaintance," Princess Sophia greeted him with much courtesy, forming her lips in a contagious smile. As with everyone else, the smile was projected on the man's face. His eyes took in a beauty once again, and this time not of the castle, but the fascinating being before him. Her long, golden hair was braided and coiled up on her head, with a few wavy strands of hair escaping the silvery ribbons. Her flowing white dress of silk and satin accentuated her angelic looks and statuesque physique.

During the introduction, the loud crying of a baby drowned out some of their words. "I apologize, that is my little dear," explained Princess Sophia.

The man's leonine eyes glowed. "Oh, I have heard of the baby. Was it not she who saved His Excellency's life?"

The princess nodded proudly in reply.

"May I see the baby?" requested Sir Aschna. The royal couple led him to the baby's crib. Princess Arzella grew more and more beautiful day by day, with her dark curls growing longer and bright blue eyes like crystals. She stopped crying when Princess Sophia took her in her arms. The man slyly took a careful look at the baby's hair without anyone seeing his action.

"Shall we begin?" asked Prince Veldolf after all introductions had been made. Sir Aschna consented, and together, they went off to the fields where the targets hung for the archery.

Everything went quite well with the archery. Prince Veldolf hit more targets than Sir Aschna, but the man's skills were not far behind the prince's.

It was Sir Aschna's turn to shoot again. His arrow flew high up amidst the trees, but it missed the target, and landed behind it instead. As he was going over to fetch his arrow, he tripped on some rocks. Prince Veldolf immediately went over to his assistance, and found a badly hurt man.

“I think my ankle is twisted.” He tried to stand up, but to no avail. He fell down every time. It was getting quite late with the sun slowly making its way behind the mountains for its rest.

“It’s late; I must get home.”

“But you are hurt.”

Sir Aschna tried again, but failed still.

“You must stay a night with us. You would not do well to go off with a hurting foot.” The man reluctantly agreed.

When they returned to the castle, Prince Veldolf ushered the limping man to a large room. “I will get a doctor for you right now.”

“Ah, no need.” The archer shook his head vigorously. “I shall feel better tomorrow morning. Thank you, Your Highness. I am so ever grateful for your hospitality that you’re bestowing upon a mere stranger.” He laid a hand upon the prince’s shoulder.

Telling him that he did not need to thank him, Prince Veldolf closed the door. After he left, a slow, evil smile slowly alighted upon the man’s thin lips. The plan, he thought, was working fine.

Chapter Nine

As everyone was resting upon their soft pillows in their deep slumbers, dreaming things that no one would know of unless they would share, a stealthy figure was creeping in the vast palace corridors. Faint rhythmic sounds of sleep lightly danced about, but the footsteps of the figure were more silent than the owls that were sweeping down to catch their prey. The small eyes were sharp, and therefore, could make out the outlines of furniture in the dark.

Where in God's name are they hiding the child? he thought. He then came upon a door, which was ajar. Slowly opening it wider, he peered inside. He saw the royal couple. As his eyes moved all around the room, they came upon the crib with the baby quietly sleeping inside. Ah, there it is! he thought with triumph, muffling a laugh. Ever so slowly, like a lion stalking its hunt, he crept inside. He got beside the crib, trying to think of a way to carry his prize off. Meticulously, he lifted the crib, finding it not heavy at all since he was a man of great strength. He carefully inched his way out of the room, along the corridor, then lastly down the stairs. One would wonder how he was able to manage to carry a baby all this way without waking her. Many parents would surely like to know his secret.

Chapter Ten

"Ouch!" Princess Sophia awoke the next morning with a start. The white dove had pecked at her cheek, causing not much pain, but it was just enough pressure to wake up the princess and get her attention. After the princess' eyes were fully open, the dove began to flap its wings frantically. Bewildered, the princess rose from her bed and checked what was amiss. Immediately, her motherly instinct led her eyes to where the crib was supposed to be. Fire invaded every inch of her being. She let out a horrid cry. It woke Prince Veldolf up. Following her gaze, he jumped out of bed. With both parents hurrying all over, throwing on some clothes, it would make the audience shake with laughter if the happening was a scene in a comedy, but sadly, it was a terrifying reality. Bumping into each other, they searched the entire castle. Thousands of inquiries were thrown to and fro all about, but not a single answer was delivered.

Without slowing down, Princess Sophia rushed straight back to her room, took out the ring and the magical seashell, and went out from the castle, riding on her black horse, with the dove above her. The quest for her dear precious child had begun.

Chapter Eleven

On the busy streets that day, many people took glances at a curious sight: a man was carrying a crib with a crying baby inside as he ran, with a wide grin on his bony features. "A madman," thought many out loud. "The baby will probably be abandoned," commented others. They knew many babies were forsaken by parents who were incapable to care for them for some reason, and hoped a church official would take the bundles in. They shook their heads; what a sad thing.

Meanwhile, Princess Sophia was testing the ring on her finger. As she moved farther away from the palace gates, the ring began to emit warmth. She was silently praying for support from the Heavenly Father, whom she had asked for help on many occasions during hard times, and she had never failed to receive His guidance.

It was late morning, and people of all sorts crowded the streets: housewives sweeping away dust, men leaving their homes to set out for work, and children noisily playing on the sides of the dusty roads. When they noticed her, warm greetings spilled from their lips. Children stared at her impolitely. They had often heard tales of her adventures and bravery. They watched curiously as she moved rapidly, with one hand held out. But no one knew she was in distress, for she did not show a hint of it, but tenaciously went on. She passed the streets and the houses, and came upon green fields. Her ring was warmer, so she hastened the pace. One whose eyes rested upon her now would be amazed at the sight of a beauty galloping on a great black horse, with its mane and tail flying in the air.

Somewhat too tired to go on, the man decided to rest for a moment behind some big rocks. Little did he know he was being followed by the mother of the child he had cruelly kidnapped for wealth. It was well after noontime, and his mouth was dry from hunger and thirst. If only he had his bow and arrows, then he would make some nice kills. He eyed the child, knowing her hair could get the gold he deserved, and that no famine would ever get him again. With that thought, he forgot about his hunger, but continued to daydream about his coming affluence. "I, Ardena, the soon-to-be richest man in the entire universe, will have piles and piles of gold before me; they will be more than I could handle. Ah, how nice that would be."

The galloping hooves of a horse interrupted his pleasant thoughts. He turned around, stood up, peered over the rocks, and to his horror, saw the princess coming his way. Thinking fast, he snatched up the crying baby roughly, and started for the nearby cliff.

When Princess Sophia neared her destination, color drained from her cheeks; she had guessed what his terrible mind was thinking of. She said a quick prayer, asking for help. Speeding over to the side of the mountain, Princess Sophia sought to rescue her child from the evil man. She heard his faraway laugh that bounced in all directions as it echoed in the caves.

"If you shall come any nearer, this child of yours shall be thrown down. Would you like to catch her, or would you rather let me keep her?" challenged Ardena from above the cliff.

With the seashell in hand and much hope in her heart, she shouted back, "I shall never allow you to have her!"

Ardena dangled the baby in midair in one hand. They were unbeknownst to the dove, which flew high until it was above the man's head. There, it began to flap its wings rapidly, releasing several feathers behind him. As soon as they landed on the mountain, each white feather began to change shape. One after another, the feathers slowly took the forms of courageous knights. But the man still remained unaware of the magical happening behind his back, and still taunted the princess below. "Let me keep her, shall you?"

Then, something out of the corner of his eye suddenly caught his attention. Turning around, he was horrified to find he was surrounded by warriors that had magically appeared out of nowhere. He started shaking so badly that he lost his hold on the baby, and the baby dropped down the cliff. At the same moment, the seashell sent out a gust of wind toward the falling child, miraculously supporting her like gentle arms from underneath, and slowly floated her to the safety of her mother's waiting arms. Princess Sophia held the shocked baby close to her bosom, with tears of joy and gratitude streaming down her face. "Oh my, my little precious one!"

Meanwhile, up above, the knights bound Ardena and carried him down the mountain. He was screaming all the way. "Let me go! You can't do this to me. Let me go!" Of a certainty, his cries were received without pity.

Chapter Twelve

The white dove flew up in the blue sky into the puffy cottons of clouds, parting them to the sides while reappearing with a trail of shimmering rainbow behind it, spreading it far and wide across the entire celestial heavens. The songbirds started a song of triumph as the animals below produced background sounds in a harmonious mixture of the enchanting melody. The thick foliage of tall green trees provided cool, shady spots for the celebrators underneath.

The smiling sun shone down upon the grand castle, with an extra brightness on the royal family who were standing on their balcony, overlooking the crowds of people yonder. The villagers knew that two rescues had taken place: King Caisia had been rescued by Princess Arzella, and in turn, the little princess herself had been saved by her mother. It was truly a day of merriment.

The villagers' questions were answered as Princess Sophia told them of the secret of her beloved daughter's hair: "It can cure the disease of the ill."

"But the juice of the plant has to be administered with love, to be given by the hands of the caring, and must be received by the good," Prince Veldolf finished for her. These words captured the whole audience with amazement and fascination, while some feelings of admiration and envy were mingled in.

While the rejoicing went on, the execution was brought forth in the gallows of the evildoer. His screams went on until his spirit bade farewell to the present world.

As we finish this once-untold tale, the feelings of appreciation for the life of a loved one is analyzed with much more value and rapt delight. The questions and values of life shall be probed more deeply, deep within the inner souls of men. From the sound of joy when birds join in a song to showers that nourish the earth with tenderness, these are all life's little pearls that should be cherished by all mankind.

Blossom of Virtue

Chapter One

The bright blossom of sunshine elicited radiance as the full moon's silvery rays fell upon it. As night dwellers went on their way doing their nightly duties, the plant kept a silent watch over the land. If any creatures that were curious enough to come close to get a sniff of its sacred perfume, they would be baffled by their sudden sleepiness. As all people of the land were resting peacefully upon their pillows, the nocturnal creatures studied the plant with its five pointed petals in awe and watchfulness. They knew, in their little hearts, that the flower possessed a magic power.

As dawn slowly sneaked upon the land, people of Mytelista drowsily awoke one by one, though they knew that the lazy sun would not arrive till some time later. Thus, even before the sun touched the horizon, yet another tale began here in the land of secret quests and daring rescues.

As the colors of the early morn flowed into her room by the windows of embroideries of ruffled curtains, Princess Sophia sleepily fluttered her eyes. Suddenly, a happy thought invaded her memory, and her bright blue eyes, that over shone the sky jewels, opened with more than the usual ardor. It was a day of bliss, for her father, King Fulacian of Noxellia, whom she had not had the fortune to see for years, was coming to Mytelista. How she missed him, with his kind eyes and jolly, carefree laugh! Beside her, the handsome prince still slept, with his eyelashes brushing his cheeks. She knew pretty soon that those cheeks would be touched by dimples when he recalled the forthcoming event.

Princess Sophia quietly got out of her luxurious bed of layer after layer of silk sheets and covers, making least disturbance, and immediately went over to the crib, where little Princess Arzella still slept. Princess Sophia wondered what that little mind was dreaming nightly after her blue eyes, that matched her mother's, would close. She silently knelt by the crib and said a grateful prayer. She thanked God for the little miracle that had been bestowed upon her. Even though it had been several months ago when she had given birth to her firstborn, she still owned the fascination of the first day. Princess Arzella had saved King Caisia's life by her magical hair that could bring forth lifesaving plants of thick stems and luminous blossoms that emblematized the celestial stars.

"Ah, the sun is rising already!" exclaimed a voice from behind her. With a start, Princess Sophia turned around to greet the voice that had broken the silence.

"Yes, my love, just right for the day," she answered the prince, who was standing up.

"It shall be a day of splendor," he smiled, reflecting his smile upon the princess' countenance as she gazed out the window. He went over to her side, and together, they relished the scene of serenity. Leaves of all shapes and sizes were starting to change colors as they welcomed the arrival of autumn. Ever so slowly, one leaf would fall from its home and alight upon the earth or upon an unlucky insect that happened to be there at the time. Squirrels were busy gathering up enough acorns for the early storage just in case some lazy ones would not when the right time should arrive.

Chapter Two

The land of Mytelista was the possessor of sparse villages, but when all the villagers crowded into the streets, it seemed the land was overflowing with people. And so on this day, not a single person was in their house; even the ill and sickly managed to get out for some fresh air. Many travelers who passed through the area stopped to inquire about the commotion. Thousands of questions were asked, but limited knowledge was gained.

As before all special happenings, the castle was filled with busy servants and maids sweeping, cleaning, washing, dusting, and doing every last-minute task that needed to be done-even though they had already done these chores several times before. King Caisia had made sure special events were scheduled and prepared for the day. Dozens of entertainers were to make enchanting music and do tricks, while falconers were to perform later in the day. They would come from lands far and wide，from well-known lands to lands of the unknown. The falconer who hunted with the best skills and mastery would be awarded a bag of gold. King Caisia's gyrfalcon was cared for by a master falconer，who was to train and feed it. The man was known as Felzo，while the falcon was named Gyren.

Each and every one was in a grand state of excitement，but Princess Sophia was the most excited of all. She was looking forward to seeing her beloved father，joy zigzagging throughout her being like lightning. She was expecting a visit not only from him，but from Rolix as well. Rolix was their well-loved ingenious talking parrot of colorful plumage. Princess Sophia strolled over to the balcony and enjoyed the scene from above. Before the palace gates，people of all titles and ages were visible，dressed in all varieties. Men wore tunics and flowing capes，while the ladies had cone-shaped hats adorned with beads and feathers. Some had their faces half hidden in veils that matched their dresses and tunics. The noble ones had silk and satin，while the less fortunate wore clothes made from coarse fabrics. Beyond the bustling crowds，Princess Sophia's eyes took in nature's magnificent beauty. By now，the sun was midway in the heavens，where the white，puffy clouds seemed to touch it from all sides，as if to dress it for this special occasion.

Chapter Three

The ball of flames was shining down from up above, while the songbirds chirped happy tunes; little did they know they might be hunted that very evening. One young bird might lose its mother, while other birds might lose their offspring.

"Oh, Father, it is such a grand day to be able to see you!" Princess Sophia rushed over to greet King Fulacian. Father and daughter exchanged several warm embraces. Anyone resting their eyes on them would shed tears of joy, seeing the great love they obviously shared. Some would watch them with pangs of envy, for they would wish they were as lucky as they to be granted with such love among kin as well.

King Fulacian and Princess Sophia asked hundreds of questions about each other's happenings and health for the past years. Although letters had been exchanged, nothing could take the place of hearing the news in person. After most queries were answered, Princess Sophia led him to the baby's crib. King Fulacian gushed with astonishment and mirth. He was not only dumbstruck by Princess Arzella's beauty, but also at the resemblance between mother and daughter.

"Ah, daughter, you had the same eyes and smile when you were a baby just like her," said King Fulacian. Princess Sophia listened with much interest. As the royal family was making exchanges, preparations were made elsewhere.

Felzo hummed a tune between his mustached lips as he

cleaned the falcon to help it look its best. But even without cleaning, anyone, even a young child, would notice the bird's majestic features, with its grand size, notched dark eyes, and powerful talons. Gyren was not given food for that day, so it would be hungry when it was the time to catch a prey for the hunt. Its sharp eyes eyed his caretaker with much scrutiny.

The mews were filled with several other falconers and their birds of prey that were to join in the hunt, including Prince Veldolf's female peregrine falcon.

"I wonder who will win the gold," said a falconer by the name of Mozstel, who was attending a saker.

"No doubt the gyrfalcon, but the king is not going to award himself, so certainly the second best will get the gold. But whom, I dare not guess."

"That Gyren is a mighty one."

"It certainly is. Its pointed wings let it fly swiftly, and it can make the most accurate kill."

"But the peregrine falcon is not far behind."

"Yes, not at all far behind," agreed Felzo. "It is known for its powerful hunts."

As the two continued their discussion, one man was listening attentively with his eyes narrowed. His mind was conjuring up something that must be unpleasant, going by the expression painted on his face. His bony fingers twisted his thin beard. "I see," he whispered under his breath.

As we returned to the scene within the palace, Princess Sophia was smiling widely when King Fulacian brought Rolix out.

"Ah, princess, good day, good day!" greeted the parrot,

flapping his rainbow-colored wings with excitement.

The two decided to let him out of his cage so he could fly freely around the palace. They knew that Rolix would always find his way back. All of them were happy with the decision, with Rolix being the most feverish with glee.

Tables lined the vast corridors and baronial rooms, and were laid with delicious and tantalizing food of all sorts, from breads and soups to porpoises, roasts, and stuffed peacocks and swans.

Many musicians began playing their instruments, producing mesmerizing melodies that floated throughout the prodigious castle, and out beyond the palace gates. Guests watched in captivation as entertainers performed tricks that were so stunning, some spectators even forgot to exhale.

"Your Excellency, my whole pleasure to meet you again," said Prince Veldolf as he came in from a door. He apologized for arriving so late, for he had to give some orders. Their greetings were with much warmth and courtesy. As they were engrossed in their conversation, King Caisia walked in through another entrance.

"Ah, such bliss to see you again!" King Caisia said to King Fulacian. They were all so absorbed with one another that neither noticed that others were trying to get their attention to ask about the upcoming events.

Outside the castle, nature was also in much excitement. Family of small animals gathered around the castle, trying to find a good place to get a few peeks inside. One baby rabbit hopped upon her mother's back so as to get a closer look in the window.

The birds were the luckiest, perching upon branches that directed them toward the windows. They knew not what was planned for the day, but they felt it was something special; they could feel it in their spirits.

Chapter Four

While all people were in the castle for the celebration of King Fulacian's visit to the land, one man quietly sneaked out, holding a tiny transparent bottle in one hand, while the other ran through his beard. This shall do it, he thought with a tiny, sly smile on his dried-up lips.

As he was making his way to the mews, Rolix was flying overhead, enjoying the entire view of the new land. He alighted upon a branch, overlooking the mews. He heard the calls of the falcons as they waited impatiently for their kills. Being a curious bird that he was, he decided to fly in as the man closed the door.

The room was filled with the sounds of flapping, scratching, screeching, and other sounds that were not easily explained by the human ear. As the man was going over to the peregrine falcon to perform his malevolent deed, the room suddenly darkened as the clouds covered the sun. He felt his way over ever so slowly, meanwhile turning the lid of the bottle to open it.

"Well, hello there!" called out a voice that seemed magically to appear. With a jump, the man nearly spilled the content of the bottle. Not wanting the other person to know what he was about to do, he politely answered the greeting. He did not see anyone else in the room, but he thought the room was probably too dark to discern any figures.

The voice called again, "Nice day!"

Not wanting to sound foolish, the man replied, "Yes, sir." His heart was pounding faster by the minute.

As the reader may have guessed by now, the mysterious voice was that of Rolix, who was just enjoying the new company, being a friendly bird that he was. Almost as abruptly as the voice started, it disappeared. Little did he know that the door had been opened by a powerful wind, and that Rolix had flown out.

After several minutes of silence, the man's heart slowly returned back to its normal pace. He did not know what had happened, but he was sure that it had been a close call. With not much time to waste, he absently went over to the place where he assumed the peregrine falcon was, and fed it a small piece of meat with the powder dusted on it. Now that he completed his duty, he quickly left the mews, believing they were haunted by ancient inhabitants of the castle.

Chapter Five

Thousands gathered in the wide field of green grass yonder the palace gates that afternoon. The blazing sun shone down upon them, kissing everyone and everything in sight. Gentle breezes whistled a tune of challenge as the hunt was about to begin. All the falconers were dressed appropriately for the event. The hooded falcons on their wrists reflected the ranks of their owners: dukes had rock falcons, while the yeomen had goshawks or hobbies. All waited in anticipation for the hunt to begin. King Fulacian would only participate as a spectator, for he had not brought his falcon with him on the journey.

When the signal was given, the falcons were immediately unhooded and released. All the onlookers watched in awe as the majestic birds soared high in the air, flying to places far and wide. The gyrfalcon spread its pointed wings, gliding gracefully over the treetops, nearly touching the clouds, and was out of sight in a flash.

The bearded man eyed the peregrine falcon intensively. To his amazement, the falcon was flying with no apparent problem. As his eyes turned to his tiercel peregrine, his heart gave a leap. It was flapping its wings awkwardly in a manner not even suited to be called flying. While all the other falcons were catching their prey, the tiercel peregrine flapped its wings one last time and sorrowfully fell to the ground. The man cursed under his steamy breath. He had made a careless mistake. His heart sank in dismay. His eyes were not the only ones watching the tiercel peregrine. By the time it collapsed on the earth, many were rushing over to it. As they got nearer, all were shocked to find a dead bird. Now, the man was much nervous. He just hoped that no one would notice.

"Who owns this bird that has so sadly fallen to its death?" asked one of King Caisia's knights.

"It is I," answered the man, stepping up, hoping his

nervousness would not show.

"Name?"

"Earl Leonenz."

Many people came over to him and gave condolences. Pretending to be mortally sad, Earl Leonenz knelt and stroked the bird with deliberate tenderness. At least I'm safe from suspicion, he thought.

After some time, the attention of the people went back to the hunt. Things like this did happen occasionally. It was a sad situation, but not something that would stop the event.

As the hunt drew to a close, many falconers came back, carrying their kills. Each kill was examined meticulously, and at last the bag of gold was granted.

"The peregrine falcon belonging to Prince Veldolf is the winner!" announced a man.

But not much to the surprise of the audience, Prince Veldolf refused it, "You shall give it to the one who fell before me."

With much admiration and gratitude in his eyes, Mozstel received the gold. All gave shouts of congratulations for both Prince Veldolf and Mozstel.

"We'll have some delicacies this evening with Prince Veldolf's catch of the heron and King Caisia's rook," one knight pointed out. The cheers came louder.

Behind the boisterous crowds, one man's blood sizzled; his soul was wrapped with hatred and disappointment. He knew his bird could make much a better kill than Mozstel's. "Just wait and see, all you fools."

Chapter Six

During the feast, many falconers still had their falcons with them on their gloved hands. The falcons were behaving with discipline and were awarded with meat of mice and chicken. Meanwhile, some couples delighted themselves in dancing. Prince Veldolf and Princess Sophia swirled around the dance floor. With her flowing dress trailing behind her, she looked like an angel in flight. Her braids of golden hair were coiled around her head, held in place by silver and blue ribbons and threads. Her eyes, the color of blue diamonds, twinkled with mirth, while her lips akin to a tiny red rose held a captivating smile.

Suddenly, they were interrupted by a tap on her shapely shoulder. It was Earl Leonenz. Recognizing him, the royal couple gave him another round of sympathy. Putting on a mask of sadness, Earl Leonenz waved his hands and thanked them graciously. "I've heard of you from afar, and always wished to make your acquaintance. Anyone would be greatly honored to rest their eyes upon Your Highness," he said to Princess Sophia, whose cheeks were tinted with a faint blush.

As they were conversing, Princess Sophia invited the earl to join them at their table, while pointing to the spot. The man declined the invitation after thanking them profusely. Then he disappeared in the crowd. The couple continued on with the dance, swaying to the rhythm of the music.

"Let's have our soups," suggested Princess Sophia

moments later into the dance. They slowly made their way to their seats, trying to avoid bumping into anyone.

Suddenly, a small form appeared above everyone's head. It quickly flew over to them.

"Oh, Rolix!" exclaimed Princess Sophia when she recognized his features as he flew closer.

"Danger, danger!" squawked the bird, circling over their heads. He flew over to Prince Veldolf's bowl of soup and knocked it off the table. Many turned around at the sound.

Princess Sophia gave a gasp. She knew Rolix always had a reason for doing the things he did.

"Poison, poison!" More people turned around as the bird called those bone-chilling words.

Meanwhile, a figure was hurriedly exiting the castle. "So, that was the voice!" He finally figured it out. He could laugh at his foolishness, but he had no time for it. Time was vital. He needed to get away immediately.

In the castle, Rolix was flapping his wings rapidly, and was leading the couple, followed by some others, to the mews where the falcons were kept earlier. They opened the door, and Rolix flew straight to the place where Earl Leonenz's bird had stayed before it met its death. They noticed traces of crystalline powder below the cage. Bending down, Princess Sophia studied the powder.

"It is probably a poison!" She further noticed that one small piece of meat had the same powder dusted on it. Many exchanged frightful glances. All knew what had killed the poor bird. But who could do such a thing, and why? The prince and princess thought back to the day's events. "Rolix," began the princess, turning to the bird, "you saw someone putting something in the soup, didn't you?"

Rolix squawked loudly to confirm her suspicion. "The man, the man!"

After putting pieces of the puzzle together, they figured out who had committed the atrocities.

Out of nowhere, a flutter of white form came into everyone's view. The princess pointed at it. "Look, it's the white dove!" As it flew nearer, Princess Sophia could see that it carried the magical ring in its beak. She knew without any doubt that another adventure would begin. With a gleam in her eyes, she put on the ring.

"No, you will not go alone this time," protested her husband. "The man is dangerous."

"I have always managed it well. Do not trouble yourself."

Prince Veldolf squeezed her shoulders. "I know you have. But—"

She did not let him finish his sentence. She ordered her horse to start at a fast gallop. She was on her way to seek out the culprit to bring him to justice.

Chapter Seven

The blue sky was turning into darkness as the orange sun steadily sank down to the abyss. The sounds of chirps were slowly dying down as each bird closed its eyes one by one. As the smaller inhabitants of the sky dropped into their deep slumbers, the world was replaced with stealthy creatures that moved about in search of victims. Their jaws of long, sharp fangs drooled hungrily as thoughts of their juicy kills played in their minds. Distant hoots of owls accompanied Princess Sophia as she followed the ring's guidance. The ring's intensity of warmth was greater, so she knew she was on the right track.

Earl Leonenz was full of confidence as he walked in a fast pace away from the castle. He was certain that no one would have the faintest idea of his whereabouts. Because of his overconfidence, he slowed down when he was several miles away from the castle. It was getting quite late, with the sky gems twinkling among their home in the velvety night sky. His chest heaved with much vexation. The tiercel peregrine had cost him a great deal of money, and it was such a waste. He began to laugh loudly. What an old fool he was. Not a person would be tricked by a parrot.

Princess Sophia arrived at a glen surrounded by tall trees, their branches swaying in the silent wind, making them seem as old witches conjuring a spell upon their victims. As she was recalling that day of her father's rescue, her keen ears suddenly caught the sound of laughter. She recognized the owner of that voice right away. She hastened her pace, and an outline of a man was discernible. She inched closer, but another step caused a twig underneath her to break. With that, the man turned around, and once again they were face to face, and this time without any courtesy and pretense. But he did not hide his surprise.

"You tried to kill Prince Veldolf's falcon, but after an unsuccessful attempt, you tried to take his life, too."

The man only sneered in her direction, but the princess could not see it, for the night was without the light of the moon.

Suddenly, without any warning, the man leaped forward and attacked her. The princess would not get beaten so easily. She held on to her dear life as she struggled. As quickly as the attack began, it ended. She weakly got up, and her nose caught the fragrance of the most peculiar scent. The gray clouds slowly parted to admit a moonbeam, her eyes met a wondrous sight before her. In front of the fallen earl, a bright blossom of yellow was in full bloom. It was the same magical plant from Princess Arzella's hair. Once again, it was an unexplained event; another gift sent by the Almighty One from His heavenly throne.

She cautiously went over to where the man lay. To her surprise, he was deep asleep! Arzella's Blessing, which the plant was called, could produce an aroma that could bring sleep to those who do harm, but it would not have the same effect for the good.

Chapter Eight

Loud cheering filled the air outside the castle the next morning. Words of rejoicing and congratulations were passed betwixt the lips of all people for Princess Sophia's courage and Princess Arzella's magical gift of the flower-yielding hair. As the celebration went on among the green grass and trees, animals of the realm of the sky were in a merriment of their own. Joined in their sky dance were Rolix and the white dove, who had befriended each other. Together, they soared high, while the dove sent a path of rainbow across the sky. Millions of butterflies surrounded them in a kaleidoscope of flying colors. Falconers from below released their falcons, adding to the festivity above.

Everyone from all realms came to the celebration. They looked upon the two princesses with much praise and reverence for their bravery, kind acts, and magic powers. Princess Sophia owned not only her magical gifts, but also a warm heart that would bestow goodness upon others. She was also one who would risk her life to save another's. Surely, such qualities exceeded all the powers of magic.

As the celebration went on, the evildoer, Earl Leonenz, was locked up in the dungeon, awaiting his punishment, which would be rightfully sentenced.

Here we once again end the tale of magic and bravery, and gain more thoughts to ponder with much scrutiny. It was yet another adventure of goodness verses evil, and of the undefeatable force of good that would always prevail over the battle against evil.

Escape from Evil

Chapter One

Dark clouds steadily formed in the sky of black mist, swallowing the full moon hungrily. The winds whirled all around the land, twisting trees into knots and splitting flower petals while hollering in rage. Fowls of the air and animals of the valley rushed away as bolts of lightning invaded the atmosphere. The gods of the sky rumbled in fury as the heavens opened with an outpour of heavy rain. The scene of this frightening nature was of peacefulness just a moment ago. As the blustery winds blew all around and penetrated every corner and crevice of the land, another anger was raging much greater in the heart of some being. Bats of long fangs fluttered out the window as a shrill voice boomed.

"No one shall be powerful than I, the queen of magic and evil," a being growled at the sky. It was not suited to be called a human, for it lacked all the compassion and emotions of mankind. But since one had no other word to fit this creature, we shall call her a witch of black magic. Her bony hands of long fingernails clawed the thin air in anguish.

"You shall pay, princess. You certainly shall pay," she proclaimed, her eyes of storms flashing with an intensity that surpassed the lightning. "Malovence always has her way," she declared as the last bat fluttered away into the eerie night. As we moved away from this frightful scene of this yet-unknown land, we entered into a place of sheer contrast of smiling sunshine and luscious green grass.

Chapter Two

A single leaf, which matched the color of the blazing sun, slowly dropped to the earth from its home among the trees to join the array of colors upon the ground. Many songbirds started to pack their bags in preparation for their annual autumn journey. Flowering plants slowly withered away as the earth welcomed their seeds of life. A pair of eyes, sparkling like blue gems, took in the splendor of the beauty.

"Such wondrous nature. Nothing could surpass its beauty," said a woman of most charms and grace as she admired the scene from their chamber's window.

"Nature is a fascination, but I know one creature who is the rose among them all," said a handsome man beside her, looking into her eyes. "You are the sunshine, my princess, my love."

As the two lovers continued to gaze out the window, a baby's cry interrupted their reverie. The woman quickly went over to her baby's side and picked her up. "Little Princess

Arzella likes to enjoy the view also," she said.

"Prince Veldolf and Princess Sophia, His Excellency, King Caisia, wishes to see you," a voice belonging to their faithful maid called out from behind their door. Princess Sophia gently put the baby in the crib and went over to the maid.

"We shall be there, thank you, Esta," she answered after opening the door.

The royal couple made their way down the vast corridor to the king's chamber. He greeted them with much warmth and love shining in his regal eyes, with the same warmth as if greeting them after a year's absence. Yet, in truth, they just played a few games of chess earlier that morning.

"Yes, dear Father?" inquired Prince Veldolf with a low bow.

"I just received a message from afar, and someone from the land of Devonnen wishes to see you," said the king, turning to Princess Sophia. "She wishes to make your acquaintance, having heard of your magic and powers." Princess Sophia was greatly known for her magical powers of the gifts she owned, from the mystical white dove to her daughter's hair. But the magic she possessed that exceeded all powers of the world was her kindness and love she bestowed upon others, even upon the poor and mere strangers. She held the secrets of bringing sunshine to wherever she went with her dazzling smiles. Ever since she had arrived to this land of Mytelista, the days became sunnier and brighter.

The couple exchanged glances of wonderment. They questioned about this person.

"The name reads Malovence," answered the king. None had heard of the owner to the name. "She shall arrive at midday tomorrow," the king supplied.

That night, while admiring the silvery moon, Princess Sophia thought of the visitor she would receive the following day. Although accounts of her daring rescues were spread far and wide, this would be the first time that a visitor from an unknown land was to come to see her specifically. As she combed her long, wavy golden hair, she sang an enchanting song with these lyrics:

Miss Moonshine, you are so fascinating with your long silvery hair
That cascades down my window every night
Singing softly in the air
And kisses me on my forehead when I am asleep
I await till this moment with a leap
You, Moonshine, are my destiny and hope of every night

Princess Sophia's melodic voice floated down yonder the palace to the valleys and amidst the trees, mesmerizing all that were in the paths at that moment.

All was quiet as the inhabitants of the castle and villages rested in their lands of dreams. The hills were covered with a thin blanket of the moon's faint shimmer of light. But the wise owls with large eyes knew what would come at tomorrow's sunrise; only they knew.

Chapter Three

Before the lazy sun touched the horizon, Princess Sophia awoke, feeling something was amiss. Something did not feel right. As she peeked out the window, she realized what was troubling her. Silence. The air was absent from the chirping of the songbirds. Although many birds had left for the winter, some would still remain, but not a single feathered friend was in sight. A sense of apprehension ran through her being.

With an air of optimism, Princess Sophia started the day by choosing the prettiest apparel from her collection of dresses. It shall be a day of silk, she decided. The flowing dress of blue accentuated her blue eyes and her curvaceous physique. She braided her hair and coiled it high on her head, leaving a few strands down. Her captivating smile reflected in the mirror.

The orange sun sluggishly made its way up to its heavenly home, but the gray clouds were in their enormity, thus nearly covering the celestial body completely. Still not a sound of life was heard from the nature scene as midday approached.

As they waited, the royal family enjoyed a game of chess. "Ah, it is challenging today. I think I'm getting better with a tough player such as yourself, princess," laughed the jolly king. All knew that Princess Sophia usually won any game over whomever she challenged. But King Caisia always loss with grace, and never uttered a word of dismay without joking good-naturedly.

They were interrupted from a knock on the main palace door. A messenger appeared with a note. "Malovence has arrived, Your Highness," he announced, bowing lowly. After the king gave his consent, Malovence was ushered in. Their eyes met a being of most peculiar of looks, from her small, dark beady eyes that appeared to have been sewn on her face, to her black hair that seemed to have survived a storm of devastation. But one would notice that she had taken meticulous care to dress herself in a stiff outfit of velvet with a large cloak and shining footwear made out of leather. In spite of her hard work, she was not a pleasing sight to any who would rest their eyes upon her for even a mere second.

Princess Sophia walked toward the woman and greeted her with much warmth. Malovence responded with a gracious curtsy.

"It has always been my dream of meeting Your Royal Highness. I thank the Heavenly Father for this day."

A blush slowly crept upon Princess Sophia's rosy cheeks. "It is my great pleasure to make your acquaintance." She pointed at a table covered with refreshments prepared for the woman. "Please fill your body with some of these."

The woman shook her head. "Oh, please accept my humble decline. Your food is much too rich for my poor stomach." She put her wrinkled hand on the princess' arm and squeezed.

"But we insist," urged the king.

Malovence still resisted. She reached into her cloak and took out some fresh flowers. "I brought some flowers from my own garden. Please accept this humble gift of mine. . . we're a big, poor family, and it took me. . . took me a lot for this opportunity." Malovence handed her a bouquet of flowers of most enchantment. One would be surprised that such beauty could be raised in the garden of this odious creature. With much hesitation in taking the flowers, Princess Sophia finally yielded to the woman's insistence. The princess never wished to receive any gifts, especially from the poor.

Without a second thought, Princess Sophia took a sniff of the flowers in her hands. Suddenly, she dropped the nosegay, and with her hands rushing toward her head, she fell to the floor with a moan of pain. At that instant, a harsh laugh came from Malovence's throat. With no words, Malovence vanished into thin air, leaving a horrendous odor of death behind.

All the onlookers rushed over to the fallen princess' side, but it was too late. No assistance would help her now. Immediately, great waterfalls of tears fell from all eyes.

"Wait! She stirs!" shouted Prince Veldolf, with much hope in his eyes. Everyone quickly wiped away the tears from their eyes to get a closer look at her. The witch's evil plan did not work as she had hoped. Instead of killing Princess Sophia, she had merely sickened her, for the evil spell of Malovence was not powerful enough to overcome goodness. Thus, Princess Sophia still lived.

The servants carried Princess Sophia to her chamber and placed her upon the soft bed. Princess Sophia held her head with both hands. King Caisia and the prince could see that she was in great pain. Maids rushed to and fro, trying to be of some help in lessening her suffering, but to no avail. King Caisia tried to bring the sickened princess back to health by administering Arzella's Blessing, but light could not be brought to her eyes. Ah, even the magical plant was no cure! There must be a secret remedy that would defeat the witch's curse. But in what mysterious realm would the power of cure be found? Would it be under an elusive ocean that none dared venture or in a place of unconquerable distance?

While still in pain, Princess Sophia drifted off to a restless sleep. As she slept, her bed was surrounded with maids, with Prince Veldolf holding her tiny hand. Concerned creatures of every kind, those from both land and air, filled the windows, lovingly watching the suffering princess. Their silent prayers harmoniously mingled with the weeping willows. Oh, what monster could do such an unspeakable act?

Chapter Four

Back in her realm of darkness, Malovence laughed violently, causing the walls to shake. "At last, I'm the most powerful being of all lands." Just as the last word escaped from her gray lips, a bat with glowing eyes flew in front of her.

"Wrong, she lives."

"How dare you tell the most powerful being such a lie!" she shrieked, grabbing at the bat.

"I, bat of all eyes, I see far and wide, of every truth." It was the brown bat that Malovence had given the power of seeing all things without being present at the locality, for she wished to know all things at all times without doing much magic herself. Malovence gave an anguished cry.

"But she is in the land of the ill," whispered the bat.

After those words were uttered, the witch smiled cruelly. "I see. Suffering is much rewarding than in the hands of death." She laughed with much more intensity than ever, making some stones from the walls crash to the ground. "This is fine, just fine," said Malovence.

As her laughter traveled through Devonnen, up to the haunting sky, and down to the depths of the ocean, Mytelista was with prayers of hope for the princess. The land was touched with much sadness as word spread throughout the whole kingdom. But miraculously, the news stopped spreading at the border of Noxellia, for all people knew that the princess' father, King Fulacian, would be struck with deep pain if the news traveled to his ears. His worrying would be fruitless. So, not a soul told him of the tragedy.

The villagers thought, with a glimmer of hope, that Princess Sophia might be saved. Each night, all the people of the villages knelt before their beds and said prayers with heavy hearts, pleading for her life. Some even offered to sacrifice their own lives in exchange for the princess'. It seemed that all prayers were said in vain—or were they?

One moonless night of silence, Princess Sophia was talking in her feverish sleep. Prince Veldolf leaned closer to catch her words between moans.

"The tree... the tree... of life. Slay her. Malovence. The juices... would save..."

He listened to her words in awe. Was this a mere dream or the words of hope? He would do any deed in life to get his pearl back. To see her smile again would give him so much joy. He would reach the stars for her, kill the deadliest beast in the ocean, and conquer the gods of volcanoes. Without a second thought, he rummaged for the magical ring. Putting it on, he set forth to seek and slay Malovence. How he would do that, he knew not, but to follow his instincts was the guidance from his heart. And suddenly, out of the blackness, his eyes caught a white form coming his way. When it got closer, he recognized the white dove. A lightning bolt of hope spread through his entire being. With a single command, his white horse galloped with great force to the land of Devonnen.

Chapter Five

The gray clouds slowly parted, allowing the rays of the silvery moon to cast a faint shimmer of light upon the valley. Treetops glistened with a layer of light, as if a blanket of snow lay upon them. Owls hooted in the distance as vultures circled above the fallen bodies of victims to the unknown. Fluttering wings were heard, but to what nightly creatures those wings belonged could not be discerned. A snake slithered by as the hooves of a powerful horse pounded the dusty roads that were covered by withered leaves of brown. Prince Veldolf felt the intensity of the warmth of the ring. He knew he was on the right track. The hollow trees watched him gallop past.

He traveled on for hours and hours without a single stop for rest. He knew his beloved awaited his return with the cure. After some time had passed, he came upon a barren land of endless hills that stretched wide on all sides of the horizon. Then, his keen eyes noticed a thin thread of smoke coming from yonder a hill. He slowed down to a trot, and once he got closer, he dismounted from the horse. After securing the horse to a tree, he stealthily made his way to where the smoke was emitting. His eyes rested upon a grand structure. It had been made to serve as a castle, but it was not suited to be labeled as one. The structure was all askew on one side, with several stones missing, including a buttress. He nimbly made his way to one side of the lair, but one of the stones came loose without any exertion of pressure, and fell to the ground. The prince quickly went for cover as the door swung open.

"How dare you let such knowledge escape my notice!" the witch screamed at the brown bat.

"All bats need sleep."

"You imbecile!"

Too busy bickering, the two did not see the prince approaching from behind. Then, the sharp senses of the bat caught the footsteps of the prince. "There he is!"

With that, the prince leaped toward the witch. But Prince Veldolf was not fast enough for the crafty creature; she instantly turned into a giant black serpent. Still, the prince was not without hope, and fear did not invade him. He stood vehemently in front of the serpent, drawing out his long sword.

"You fool," hissed the snake.

"I come to save the life of my princess."

His only answer was a cruel laugh. As the confrontation was

going on, the white dove silently flew overhead, behind the serpent. As it flapped its wings, several feathers were released. When each feather alighted upon the ground, it was turned into a valiant knight.

The serpent turned her head at the sound of swords behind her. "Ah, so you have used your magic on me!" she hissed, her long, forked tongue slashing out like a whip. She sprang in front of the army and randomly bit some knights. But no matter how hard she bit, not a single knight could be injured. Her fruitless effort enraged her to the point she forgot all about the prince.

Using the distraction to an advantage, Prince Veldolf aimed his sword at the serpent when he calculated the correct timing, and before she could react to what was happening, the sword pierced straight into her heart.

"Ah!" she gasped for the last time. The long, writhing body twisted convulsively on the ground. "No!" she screamed.

Slowly, it collapsed on the soil, with green blood spurting out from the wound. At last, the witch was defeated and sent to eternal death.

As soon as one drop of blood touched the earth, a magical occurrence began. Gaping, Prince Veldolf watched a green stem begin to push its way up from under the ground, reaching outward to the sky that was beginning to dawn with streaks of pink and violet painting the horizon.

The small plant grew with the steadiness of a wintry snowstorm, and with the speed of a gliding hawk aiming for the kill. In just merely a few minutes, the plant grew to be a tree, with its branches reaching toward the heavens. The tree's dense foliage of green leaves gave off a shimmer of brilliance. The wide-eyed prince observed as the blossoms slowly yielded fruits as beautiful as the most dazzling jewels any king had ever laid eyes upon. When the tree was in its fullest bloom, with incalculable numbers of fruits hanging down, Prince Veldolf carefully made his way over.

"It is true. This was the dream of my love. She shall be saved!" He was so happy that tears of gratitude and joy overwhelmed him. While he was saying a silent prayer of thanks to the Almighty One, he quickly gathered some fruits from the tree. He lovingly wrapped them in his red cape, and prepared for his journey back to his awaiting princess.

The dawn slowly gave way to a bright morning. The sunrays kissed his brows of kindness as he rode on his horse. His countenance was touched by smiles as he held the bundle of fruits in his arms. A family of butterflies fluttered over his head, sending a pleasant breeze his way. And the white dove followed close behind.

Chapter Six

Her blue diamond-like eyes fluttered open as the sunlight streamed through her window, engulfing her in a shower of light. Immediately, a lambent smile shaped her lips. "Prince Veldolf, I... I'm well again."

Holding her hands, Prince Veldolf said, "My princess, your dream has saved you." He narrated the tale to her. Her blue eyes shone with fascination and pride as she listened to the daring rescue and the frightful experience with the giant serpent.

The entire land was filled with feasting as word spread of the rescue by Prince Veldolf. And this time, the news spread to King Fulacian's kingdom of Noxellia. Upon hearing of the news, King Fulacian arrived at Mytelista as swiftly as a flying arrow. He brought along Rolix, their well-loved talking parrot of colorful plumage. King Fulacian thanked Prince Veldolf profusely for having saved his cherished daughter. A regale of splendor was put, and a ball was given.

"Ah, this is the true taste of happiness!" exclaimed King Caisia, accompanied by loud cheers in the background.

The rejoicing was great. Sounds of joy rang crystal clear throughout the valleys, over the treetops and down to the ocean floors. The fiery sun rose in the center of the clear blue sky, and only a few clouds were present. Among the white cottons, the dove darted here and there, from one end of a cloud to another, sending a double band of rainbow upon the clouds. The twittering of songbirds resumed once more; the birds were back, with more radiance and vitality than ever before.

As celebration was going on in the happy valleys, the little brown bat hung upside down in a dark cave as he enjoyed a small feasting of his own, relishing a sumptuous insect. A silly smile lighted his furry features, for he was secretly glad of the witch's death. He was free at last.

Once again, a battle with a happy ending was added to the history of the lands. As the tale ends here, the joyous laughter slowly fades into the distance, as we move away from the scene of bliss.

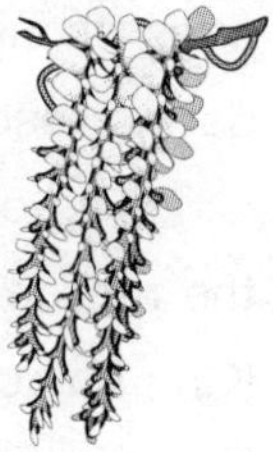

Departure & Unity

Chapter One

A sound of life was calling out silently as a green head slowly poked out of the earth for its first breath of the new world. One single drop of crystal water alighted upon its tiny head from the last icicle on a branch above it. One delicate young leaf eagerly waved to the audience of the sky and earth, excited to be born. As the red sun kissed the horizon, spring descended upon Mytelista.

Cheerful songs filled the sky after the colorful birds came back home; some bringing a newfound love, adding to their wholesome families. As the sun's bright rays crept through the windows of the villages, sleepy eyes began to flutter open, some with a smile at the prospect of a new day, while others emitted a few groans at the thought of another day of hard labor. As eyes of all colors in the villages (except for the sleeping babies in cribs and cradles) greeted the morning, the inhabitants of the castle began to rise as well.

"Such loveliness, such wonder," adulated a woman of extreme beauty and great sentiment for all creatures in nature as she admired the scene by her palace window of ruffled curtains.

"It certainly is, my princess," agreed her mate, beside her, holding a toddler of mere two in his loving arms. Prince Veldolf and Princess Sophia exchanged smiles as little Princess Arzella made delightful baby noises in glee.

"Wonder what this day shall hold for us," pondered the princess out loud.

"Well, we shall find out. Each day is an adventure with you," laughed the prince. It was so true. They had been through so much together, as had their fathers. Their tales of daring quests and exulting triumphs were not only well known in the kingdoms of both Noxellia and Mytelista, but all encompassing lands as well.

Chapter Two

"Good morning, Prince Veldolf and Princess Sophia, hope you had a fine night," greeted their maid, Esta, of whom they were highly fond. As they were conversing, the king walked into the baronial room.

"Dear Father, did you sleep well? " inquired Prince Veldolf with a look of concern touching his brows as he noticed the king's tired eyes.

"Son, I'm getting old, and it was a good night for anyone my age," King Caisia answered with a jolly laugh. Anyone who

took in the king's appearance would see his eminence, with his eyes of life emitting fortitude, and his lips of gentle firmness. Even without his jeweled crown and his regal apparel, he would still elicit sublimity. But as Prince Veldolf noted, King Caisia's eyes held less than their usual vigor. "Nothing to place worry upon your hearts," he comforted the royal couple, whose eyes shone with obvious concern.

Moments later, they were seated down for their first meal of the day. The table was arrayed with dishes that held varieties of tantalizing food, from soul-warming soups and breads of all sizes to exotic fish from the deep oceans covered in fine sauces and spices.

Suddenly, knocks sounded at the main palace door. King Caisia commanded the door be opened. A messenger walked in, carrying a note in his hands. He handed it to the waiting king. All watched on as the king's countenance first shone with curiosity then with mirth.

"Ah, the fine King Fulacian wishes to see all of us!" announced King Caisia after reading the letter. The prince and princess exchanged glances. They were both remarkably happy at the news, but at the same time somewhat apprehensive. It seemed a matter of importance. Usually, King Fulacian would arrive at their kingdom to see them, instead. But maybe the king wished to welcome them to his castle. It had been of some time since they had gone to Noxellia. After further pondering, they thought it was a fine plan. Their concern ceased, and joy filled their entire beings.

"We shall set forth at midday," decided King Caisia. All looked forward to the reunion with much ardor in their hearts.

Before the time for departure, the royal family decided to pass the time by singing and making merry music. When it was Princess Sophia's turn to sing, everyone eagerly awaited. Princess Sophia was famous for her voice of the most symphonic sound that anyone had ever heard in all histories. She went over to the golden harp, and started her song.

I can see the beautiful rainbow smiling down upon me
Hear the happy twittering of songbirds
Feel the warm kiss of the blazing sun on my hair
Smell the enchanting fragrance from the dazzling flowers
Taste the sweet dew drops on my lips
What a sensational world this is!
A place of charms and harmonies

Her melodious voice floated throughout the entire spacious room and out the windows, making its way down yonder the kingdom and through the forests. It filled up every crevice and corner like a rare perfume, drowning all that happened to be in the path of its enchantment.

All of a sudden, Princess Sophia stopped and stood up. The startled audience involuntarily tensed their muscles. "I just had a sudden feeling. Please excuse me." She swiftly ascended the winding staircase and went into her room. While waiting for her return, father and son exchanged several glances. Their eyes moved around the room as if seeking answers to their questions from the furniture or from the chandelier hanging from the high ceiling.

Princess Sophia came down with a strange look in her

eyes. Prince Veldolf's eyes traveled down to her tiny hand.

"I need to bring the ring. Something tells me to," explained the princess. "It is a sudden urge, an unexplained one."

They both understood her feeling. Princess Sophia had always followed her instincts, and they had helped her in so many adventures before.

"Esta, take good care of Princess Arzella," said Princess Sophia, "I'm afraid the journey won't be safe for the child, and might hold much danger. It is a long way."

With a new feeling of excitement, they set out and headed for the land of Noxellia and the waiting king.

Chapter Three

Bits of stones were crushed underneath the powerful hooves of the trotting horses. The princess took in the beauty of their path, while riding upon her black horse. The trees were beginning to acquire a new set of green clothes as spring filled the atmosphere. New bird nests began to appear one by one as birds settled down with their loved ones.

The traveling group was unaware of a small white form that was fluttering high above them in silence. Its wings sent gentle breezes their way, carrying the fragrance of wildflowers to their noses.

But as they moved on, clouds approached ever so slowly, blocking the sun inch by inch. They arrived at a dense forest whose foliage was still not in fullness.

"It is quite silent here," noticed the princess. No sounds of birds existed, as if they had been suddenly snatched away and locked up.

Abruptly, King Caisia's horse, which was in the lead, halted and whined. The king uttered a few commands, but his effort was of little avail. The rest of the horses followed suit.

"What could be the problem?" Questions such as this flew to and fro betwixt their lips. By now, the sun was completely swallowed up by the clouds, and the trees were whistling a ghoulish tune.

"Oh!" cried Princess Sophia in alarm. Tens of warriors on horseback suddenly appeared on all sides and surrounded them.

"A waylay!" King Caisia was in total astonishment.

"Yes, Your Highness," came a mocking voice from overhead. A stout man appeared amidst the army. "Do you not like the surprise we so arduously planned especially for Your Majesty?"

"Who dare speak and do as such?" demanded King Caisia. Only some cruel laughs and jeering smirks came in reply.

"It's actually not you to whom we wish to speak. That princess shall pay for my son's death. My son, my only heir to the throne." The man moved closer. None could recognize him.

His son? wondered Princess Sophia. Going back through the events of her years, she suddenly remembered who this man was. He was Prince Lornox's father. She had rescued her own father from the gates of death in the attack formulated by Prince Lornox, who had wished to conquer King Fulacian's land.

"Your son committed a horrid deed, and deserved what had

fallen onto him," said the princess, without showing any ounce of fear in her blue eyes.

The leader of the army by the name of King Pasanymere lashed out with his sword, his round face burning redder than the hottest star in the sky and his white hair blowing wildly in the wind. "Charge!" he ordered his knights. Princess Sophia prayed to the Heavenly Father. Only He could save them now. Helplessly, they watched the army close in.

Suddenly, Princess Sophia noticed that something white around their horses, resembling a thin layer of snow, was beginning to change shape. Those, in fact, were the feathers that had stealthily fallen from the white dove from heaven above, not to the knowledge of all from the grounds below. Before the charging army could attack, the three royals were shielded by hundreds of magical knights and horses which had formed from the feathers. Oh, they were saved!

Much taken by surprise, the evil army stopped in its tracks. They could not believe what their eyes beheld. Undaunted by the mystical happening, the crazed king still demanded a charge. But just as had befallen Prince Lornox, King Pasanymere and his warriors met defeat. The magical knights, masters of skillful swordsmanship, easily defeated them in the battle of good against evil. As bodies piled upon the earth, a strong gust of wind rushed forth, picking up the dead along with the still-living evildoers in its hands and hurling them far away. Now, it was Princess Sophia's turn to look surprised.

With a sheepish grin, Prince Veldolf held out the seashell in his hand, "I sensed a need to bring this along." It was the wind-hurling seashell. For once, the ring did not become of use. All burst out with laughter, their bodies shaking uncontrollably. It seemed that the recent ordeal had, in fact, not taken place. Princess Sophia glanced upward and smiled at the white dove that was hovering in the air. They continued on their way with feelings of greatness inhabiting their souls.

Chapter Four

"We are here at last," exclaimed the princess with much joy visible in her voice of charms. The three dismounted their horses, tied them to the trees, and went to the castle.

"My daughter, what a pleasant surprise!" declared King Fulacian enthusiastically when seeing her at the door. After sharing a long and tender embrace, King Fulacian noticed the other two. "Ah, such a great day! Well, come in, come in!" he welcomed them, wholeheartedly and with open arms.

They were ushered into the grand stone castle of polished marble floors and exquisite illuminations by candles of all sizes. At the corner of the room, alighted upon the arm of a soft chair, was their much-cherished parrot, Rolix, who also greeted the arrivals with much excitement.

"Good to see you, good to see you, princess and all!" he squawked loudly, flapping his brightly colored wings. Princess Sophia went over and petted him with much gentleness and love. After giving much notice to Rolix, Princess Sophia turned her attention to King Fulacian. She took a careful look at her beloved father. Lines of hardship were engraved on his kind face. His eyes reflected the tiredness of King Caisia.

Noticing his daughter's deep frown, King Fulacian waved his regal hand, "Ah, nothing you shall trouble about. It's my old age." King Caisia exchanged glances with King Fulacian. "What brought you hither?" inquired the quite-curious king. Princess Sophia narrated the story in its entirety. King Fulacian was stunned by her terrifying tale. The false invitation to Noxellia was a clever way to lure the victims to the late King Pasanymere's trap. But he knew that Princess Sophia was always under the protection from the Almighty One.

"Well, everything worked out fine. Actually, I have something I wish to discuss with you," said King Fulacian, turning to King Caisia. The prince and princess left the two kings alone, knowing they wished to speak in private.

After they returned, King Fulacian explained about what had been spoken. "Our lands shall be united as one after our deaths. We know the whole land will be ruled with honesty and integrity by our heirs." King Fulacian gave a look of pride at the couple.

The nonplussed couple gaped with much surprise mingled with joy. But the thought of their fathers' deaths subsequently swept a deep blanket of sadness over them. They knew that every creature on the face of the earth would someday arrive at that point. It was merely the process of life. With much plans for the future, the four glowed with a sense of rest and contentment. All knew that the future would bring much love and adventures.

"But what about King Pasanymere's land? It is without a ruler," offered Prince Veldolf. Much time was spent in thinking of a good plan.

After careful consideration, King Fulacian said, "I will seek that the land shall receive a ruler. Maybe a unity will be the answer."

Chapter Five

Colors of yellow, red, and blue fluttered here and there to welcome the next day. They nimbly made their way between the grass and through the trees. One yellow butterfly, sporting specks of black, fluttered over to a tiny window on a small but cozy cottage. It landed upon the ledge and surveyed the scene inside.

A beautiful petite maiden with ebony black hair was sitting in a corner of the small room, sewing what appeared to be a dress of fine silk. She hummed a sweet tune as her fingers adeptly maneuvered the needle and thread. Joining the butterfly at the window was an orange squirrel. Its tiny, curious brown eyes followed her hand as it moved up and down, in and out. Unaware of her audience, her eyes scrutinized her work when she finished. She stood up and rested the dress on a chair. Her back was facing the observers, and they noticed that her black hair nearly reached her tiny feet, which were absent of proper footwear. Her dress was stitched up in various of places. In spite of all this, her beauty was radiating in full bloom. Her shining brown eyes delighted in her fine work.

"Oh, it shall bring forth much bread," she happily stated, clapping her delicate hands, the fingers long and slender.

"My child, are you done, Lily?" a feeble voice called out from behind a closed door.

"Yes, Mama," she answered.

An old woman with a wobbly gait managed to walk in. Lily immediately came to her assistance. "Ah, it's lovely dear!" admired the woman, with a warm smile alighted upon her winkled eyes as she felt the fine blue fabric and well-designed embroideries between her shriveled fingers.

"I shall set out and take it to the countess."

"Sweet Lily, you must rest for a while. You've been working the entire night."

The girl, who was actually already reaching thirty, only shook her head, muffling a yawn. In spite of her hard work and obvious poverty, she still held the scent of youth, for an innate goodness reflected in her appearance.

After making sure her mother was resting comfortably, she went out. The butterfly and squirrel left, too, following her footsteps closely.

The blazing sun shone down, invading each dark crevice with brightness. Many birds swirled in the sky, while the mother birds sat on their eggs.

"A new day, a new adventure!" Prince Veldolf said to his princess. A smile touched her lips in reply.

"Well, let's be on our way," said King Fulacian. And with that, they set out to Holstyne, a land once ruled by the unkind King Pasanymere.

People bustled about, doing their daily duties on the streets. Some merchants drove their wagons to start out for their trades while their wives awaited in their homes. Children ran around the place, and unfortunate fatal accidents occurred when youngsters were crushed under the horses' pounding hooves.

Some moments later on the road, Princess Sophia pointed toward a dark-haired girl who appeared to be in trouble. They immediately went over to the spot.

"Stop! Get away from me!" shouted the woman, trying to loosen the man's grasp on her arm.

"What's a pretty thing like you doing on the streets alone?" sneered the man, narrowing his eyes to slits. Suddenly, he felt two powerful hands pulling him away. Like an angry bull, he turned around to face whoever dared disturb him. His eyes met those of Prince Veldolf.

"Stay away from her," Prince Veldolf demanded, drawing his sword. Noticing the prince's obvious rank and the threatening sword, he ran away without uttering a single word. Prince Veldolf shook his head in pity. King Caisia bent and helped the woman to her feet.

"Oh, bless you all. How can I ever repay you?" Her eyes flooded with tears of gratitude. While her eyes were drying up, she noticed her saviors' apparel. "Oh my, Your Highnesses!" She immediately knelt at their feet. The tales of King Fulacian and Princess Sophia had spread to her village long ago.

"Dear, please do rise," Princess Sophia said with a blush on her rosy cheeks.

"Are these Your Highnesses King Fulacian and Princess Sophia?" They both nodded with smiles. "Oh, it has always been my fervent dream to meet Your Majesties!" she exclaimed.

After noticing her torn dress, the woman shamefully covered herself with the silk dress she carried in her hands. The blue silk dress itself was also torn and smeared with mud. Seeing this, a few drops of tears escaped her eyes.

Knowing the woman was in distraught, Princess Sophia offered, “Let us help you. I can get that dress stitched.”

”Oh, how very kind, I cannot accept Your Highness’ help, but I’m most appreciative.”

“Nonsense! It is our utmost pleasure to help you, Miss...” insisted Prince Veldolf.

”Oh, how silly of me. My name is Lily. I live yonder near those houses,“ she pointed southward, ”in a small cottage with my dear, sickly mother.“ She further told them about her work as a seamstress, and that she was just bringing the dress to the countess.

The royal family insisted they would bring her home and fix her up. In their hearts, they planned to give her some bags of gold. After much insistence, Lily finally accepted their help. And together, they set forth to Lily’s home.

Chapter Six

While the sun shone down upon the valley, with its love and the little two creatures still observing the happenings with much interest, the door to the cottage opened.

“Mama, I’m home!” Lily called out.

“Dear, how nice,” her mother answered from the inner room.

The royal family waited in the room while Lily went to fetch her mother. “Poor dear,“ said Princess Sophia. The royal family's eyes roamed around the room. Only a small table and two chairs were visible; one leg of a chair was even broken and stood crookedly. Such a lovely rose could be living in such a dreary place!

"Ah, child, I see you have visitors! “ The mother squinted to get a better look. "My, my! “ She was speechless when she took in their appearance. She tried to curtsy, but her arthritic limbs failed her. But Princess Sophia made a graceful curtsy, while the three others made graceful bows. The two poor folks almost fainted with delight. Never could they dream that their little cottage would be filled with royalties, let alone the kindest of them all! And even receiving a curtsy and bows was too much for them.

At last, they settled down, with the two cottage inhabitants insisting for two of the royalties be seated in their chairs, but to no avail. They conversed like old family members while Lily and her mother were seated.

“I've heard of the awful deed that was acted upon you by the late Prince Lornox,” Madam Jyllian, Lily's mother, said. “King Pasanymere is a ruthless and greedy king. The town is wasted by his rule. He with his officials forced every coin out of our hands, to the last pence.”

“You shall worry no more,” Princess Sophia said. They told Madam Jyllian and Lily the tale of King Pasanymere's trick and the rescue by the white dove and seashell. They went on telling them of their plans to seek a kind ruler of the land. As the tale went on, Madam Jyllian's eyes held a strange look. She became silent with her secret thoughts. After they were done with the story, they noticed Madam Jyllian was folding her hands with her eyes closed.

"Mama?" inquired the disquieted daughter.

"Lily, I never told you this...but I think the time has come for you to learn the truth." And ever so slowly and strongly, the frail lady narrated the tale in front of all the witnesses. They listened in shock to these words, with Lily being the most dumbstruck:

"King Pasanymere had a daughter, who was his firstborn. Being the cruel, heartless leader he was, he commanded the baby girl to be killed immediately after birth, for he desired to pass his throne to a boy. The midwife, not having the heart to kill the baby as ordered, had burnt a small animal that was already dead, and brought it forth before the evil king. The body was consumed quite badly, but the blinded king thought it was the baby, and was satisfied. The queen had thought her baby had died during birth, and she mourned for years, not until Prince Lornox was born did the sorrow in her heart lessen. The midwife brought up the little girl as her own, loving her with every inch of her soul. She knew in her heart that the little one was a true princess and a rightful heir to the throne."

With the last word coming out from her lips, Madam Jyllian's eyes were overwhelmed with tears.

Soon, each and every one in the room fell before Lily. "Queen Lily!" they shouted.

This could not be, Queen Lily thought. Never in her years

could she imagine being a queen! True, like many other young girls, she had often dreamt of being a princess, living lavishly in a grand castle with all the luxury before her. She felt she was floating on clouds. Was this a fantasy land to where they were taking her?

"Well, I think there is not a minute to lose. Queen Lily should be sitting on the throne now," declared Princess Sophia, looking at her father, seeking approbation. King Fulacian nodded in agreement. Madam Jyllian looked at the new queen lovingly, with a bittersweet smile.

Knowing what was on Madam Jyllian's mind, Queen Lily proclaimed, "You shall always be my dearest mother in my heart. We shall never part. You will stay with me in the castle by the queen's command!" All burst out laughing, with Madam Jyllian being the happiest. Queen Lily already acted like a true queen!

Despite the joyous revelation, the new queen had not forgotten her present duties. "I must stitch the dress for the countess and deliver it right away."

Chapter Seven

That very evening, just before the exhausted sun was setting forth to its home for a rest, a happy group of people was making their way before the palace gates of Holstyne. Loud, enthusiastic chirps of birds seemed to have come from every corner of the world, interrupting many conversations on the busy streets. The little squirrel and butterfly, who had witnessed the excitement in its entirety, were spreading the grand news throughout the animal kingdom. Thousands of butterflies gathered before the castle. And many furry squirrels with large, brushy tails jumped here and there all around the place; some jumped on women's heads, making them scream, while others swung amidst the trees. Children pointed and laughed at the hilarious scene before their eyes. Some even delighted in a race with the mischievous squirrels. And as if to add to this laughable happening, the impish winds sent hats of all colors and sizes flying in all directions out of their owners' reach.

King Caisia strode up in front of the busy crowd, trying to get their attention. "This is a very important day in the history of your land," he called out, his prominent voice ringing loud and clear in the atmosphere. All heads turned his way and knelt before him, for they saw his crown. Curious glances were flashed among the crowd. Many did not know the king by sight, or if they knew, their memories had abandoned them. Some surreptitiously thought that he might be King Caisia.

Motioning Queen Lily over, King Caisia continued, "Obey your queen, Queen Lily." He then narrated the whole tale. After he was done, all people grew silent. Slowly, their level of noise rose higher than usual.

"How do we know it is not a treachery? How do we know that woman is a true queen?" demanded a man from the crowd. Many people followed suit.

"We want proof, we want proof!" they chanted. The royals tried to explain, but with no apparent success. What could make the crowd believe in the true identity of Queen Lily?

Suddenly, out of the bright, ethereal firmament, a shimmering white form fluttered and came to everyone's view. The white dove! thought Princess Sophia, with her whole being tensing with anticipation. She knew that whenever the white dove appeared, fruit of magic would be the result.

As it flew closer, they noticed it was carrying a shiny letter in its beak. Gliding downward, the dove reached King Caisia's side. He took the letter, which was made of the most unusual, translucent material engraved with golden words. His eyes grew wide as he read it. "People of the land, gentlemen, ladies, and children, you have asked for proof. Well, not only will you have proof, but the very words from the Heavenly Father Himself."

The note was passed on among the crowd, and after each and every person had a chance to read the engraved message, the paper produced a reddish light and disappeared. Without another distrustful remark between their lips, all knelt before Queen Lily. "Your Royal Highness!" they shouted and cheered.

Queen Lily and Madam Jyllian wept with joy, and Prince Veldolf, Princess Sophia, and the two kings exchanged smiles and warm embraces of triumphs and a knowledge that they had succeeded, but all with the plan of the righteous God Almighty above.

The sun smiled upon the land last time for the day, and vanished down to its lair. The merriment, undaunted by the darkness, still continued through the velvety night as the millions of celestial stars twinkled above in congratulations. The squirrels were still in their state of full celebration, dancing and jumping all around, while the butterflies and songbirds whirled in the sky in a kaleidoscope of all colors imaginable.

Chapter Eight

The hilltops of lush green grass received a steady soft kiss as the sun slowly peeked its rutilant head above the horizon to greet the bright morning of the following day. "What an exciting and rewarding day it was!" recalled Princess Sophia as her eyes gleamed happily.

"Certainly was!" all agreed ardently.

As the day wore on, Princess Sophia noticed her father's pallid complexion. She caught him staring off into space a few times and humming tunes while going about his business. But unlike many others in the same health status, his countenance carried contentment and peace. Not a trace of sadness was visible.

That afternoon of cloudless sky, they lounged in the spacious room, passing amusements betwixt their lips, accompanied by sweet chirps from outside the windows.

"We must be getting back to our land soon. We wouldn't want to keep you from your work and get in your way of your duties," King Caisia said to King Fulacian.

"Nonsense, your company is the best company I could ever ask for. I enjoy every moment of your stay."

"I know you have a lot on your hands."

King Fulacian shook his head warmly.

"Father is right. Your Highness need plenty of rest. We shall be on our way tomorrow," said Prince Veldolf. It was certainly a memorable visit, two of the most adventurous days in their lives. "Also, Princess Arzella must be waiting anxiously for our return."

That late evening, after taking a pleasure in a few rounds of chess, the family prepared to retreat to their rooms. They were reluctant to part with one another. It would be their last time spent together for some while. At last, good-nights and embraces were exchanged. The royal couple made their way to their chamber, which was the old room Princess Sophia had stayed throughout her childhood years till marriage.

As all closed their eyes to enter into their fantasy lands of dreams and fairies, the full moon rose slowly in the night sky, reaching the zenith. Its silver rays swept down on the valley, making tiny halos upon the swaying flowers and tall, majestic trees. The stars winked to one another flirtatiously as the people of the kingdom continued on with their dreams.

Chapter Nine

Faint, soft sunlight streamed into the window, lightly kissing the sleeping princess on her golden hair like the shimmering pond that had been blessed with moonbeams. Upon awakening, a sudden blanket of serenity wrapped Princess Sophia's whole being.

"Dear, I had a dream... that he ascended to heaven,"

Princess Sophia told Prince Veldolf. Unlike any other dreams of life passings, this did not bring sadness, but rather a feeling of peace and tranquility.

After entering the room next to the busy kitchen for their meal, Princess Sophia noticed that neither of the kings was present. King Fulacian was usually the first one to get up, and King Caisia was not a late person, either. The couple enjoyed a nice, but silent meal, each having thoughts of their own.

Still not seeing either of the kings after some time had passed, they grew concerned. Right after finishing their last bite, both headed straight to the kings' chambers; each going to his or her own father's room.

Princess Sophia quietly knocked at King Fulacian's door. "Father?" After receiving no answer, she slowly opened the door, and walked over to his bedside. He lay peacefully with the satin blanket up to his chin.

The clouds moved inward toward the sun, and the room became dark with the absence of the sunlight. Abruptly, the dream rushed into her mind. Bending down, Princess Sophia examined the sleeping king. Then, she knew. He was no longer in this world. Perhaps, he was enjoying the rays of a sun that might be much brighter than their own sun. A few fresh tears escaped her eyelids; tears not of sadness or abandonment, but of joy for his soul's departure and everlasting happiness.

The same scene replayed in King Caisia's room. Both kings had passed away together on the same night in their slumbers, and perhaps dreaming the same dream. A look of contentment held on to King Fulacian's countenance, while a tiny smile touched the corners of King Caisia's lips. Prince Veldolf knelt beside his father's deathbed and said a silent prayer. In the other room, the same action was replicated simultaneously by Princess Sophia.

"Dear father has left," Prince Veldolf told the princess after meeting each other outside the rooms.

"Oh, he passed away, also?" Both were surprised that the two souls had left together.

Hand in hand, they made their way down to make the necessary arrangements. The lands would surely weep at the news of the kings' deaths. They were loved by all people of the kingdoms, except for the evildoers and any being who was jealous of their powerful reigns. Their charitable acts and loving ways shall always be engraved in the memories of many, and their tales of heroism shall be passed on to many generations for years. The birds sang melancholy songs, but sweet at the same time. The melodies traveled to all ears of all creatures; creatures of the land passed it on to their friends from the great waters. Schools of fish swam close to the surface for a better spot to hear the songs. They silently wept, but none saw their tears that mixed with the oceans.

White clouds turned gray as a single drop of rain touched the ground of Mytelista for the very first time in the whole history of the land. News spread quickly from village to village, from Noxellia to Mytelista and Holstyne. Queen Lily joined in the mourning of the great figures. She recalled how kind the kings had been to both her mother and herself.

"First day of rain ever. The heaven is much saddened by

their deaths," the tearful Esta said while holding Princess Arzella tightly. "Your grandfather was a grand person." Certainly, the two kings would never be erased from any minds; neither mankind nor beast would ever forget them.

Chapter Ten

That night, the rain cleared up, and received millions of stars in greeting. They seemed to shine brighter than usual, with their sacred beams flickering endlessly in the caliginous sky.

Not breaking their kingdom of Noxellia's tradition, Prince Veldolf and Princess Sophia were crowned king and queen that night. Thousands of people watched on as crowns of jewels were placed upon their heads. Hundreds of burning torches danced wildly around the couple and the spectators, sending hot sparks that flew with the wind.

"Long live the king! Long live the queen! Long live King Veldolf and Queen Sophia!" the crowd shouted, while some toasted with wine and music. The more-subdued Rolix alighted upon King Veldolf's shoulder as the celebration continued into the hours of midnight.

Night dwellers looked on with much curiosity. Seldom was a night filled with such boisterous creatures and fiery lights. They had learned of the event from their diurnal neighbors. Ah, the kings were much missed among them. The spiders remembered their times of need during the wintry months when they had found shelter and safety in the castle. Although occasional screams escaped from the mouths of the maids, not a single spider was ever smashed underfoot or swept away by brooms, unlike the treatment they received from villagers.

Queen Sophia thought back through the years of being the princess, from sitting upon King Fulacian's lap and being held in her mother's arms to the happy day of her wedding. And of course, the many adventures and excitements they went through as a family. But she and King Veldolf knew in their hearts that many more adventures would come their way. Life always managed to surprise them; it never failed once. Each life's happening was a miracle, from the first rays of the waking sun at dawn to the falling leaves of autumn.

In the middle of the celebration, the white dove suddenly appeared above their heads. Many people rubbed their eyes in disbelief; the dove soared with a trail of rainbow behind it. Surely, it was a grand sight for all eyes to take in! The brightness of each color was accentuated against the black background of the sky full of dazzling stars.

"Look!" exclaimed Queen Sophia as she pointed toward the sky. All eyes moved to the spot, and they gasped in astonishment. Two large stars mystically appeared side by side, radiating such brightness that it seemed as if day was dawning.

"Must be the kings looking down upon us," the new king said with much conviction. Queen Sophia nodded in agreement. Both waved heavenward at the two flaming stars, and all followed their lead. The protection from the kings would never cease, not even after death. As one star's light hit Queen Sophia's ring, it sent a beam toward their crowns, showering them in an ardent glow. Amidst the heavy crowd, one figure was surreptitiously making a sacred sign to the heavens, blessing the land with prosperity and protection from evil. That figure was Dawn, a seer and a special friend of theirs.

And thus, the two lands united under one rule, receiving the reign of King Veldolf and his beloved wife, Queen Sophia. Applause and many other joyous sounds rang loud and clear long into the night.

As the scene slowly faded away, the two stars were still distinguishable with the full strength of their fiery glow.

Appendixes

1. Other Books by Shirley

Shirley is also the author of:

• *Do You Love Jehovah? God Almighty's Infinite Love & Wisdom to Propel You to Greatness*

ISBN: 978—0—5780—0079—4

• *Embrace Ultra-Ability! Wisdom, Insight & Motivation from the Blind Who Sees Far and Wide*

ISBN: 978—0—6151—5522—7

• *Dance with Your Heart: Tales and Poems That the Heart Tells*

This book is available in Vietnam, published by the Women Publishing House in 2008 and translated into Vietnamese by Nguyen Bich Lan.

ISBN: 978—1—4116—1858—9

• *Waking Spirit: Prose & Poems the Spirit Sings*

(with foreword by New York Times bestselling author

Cynthia Brian)

ISBN: 978—0—6151—3680—6 (trade paperback)

978—0—6151—3893—0 (hardback)

• *Parental Rights in Children's Medical Care: Where Is Our Freedom to Say No? A Look at the Injustice of the American Medical System*

ISBN: 978—0—6151—4994—3

• *The Revelation of a Star's Endless Shine: A Young Woman's Autobiography of* 20-*Year Victories over Victimization*

(foreword by Cynthia Brian)

ISBN: 978—0—6151—5044—4

• *The Adventures of a Blind and Disabled Award-Winning Author: Inspiration & Motivation to Empower You to Go for Your Own Gold Medals*

ISBN: 978—0—6151—7515—7

• *First-Step Guide to Self-Publishing and Promotion: Tips from a Blind and Physically Disabled Award-Winning Author*

ISBN: 978—0—557—00212—2

With highly acclaimed experts, like Dr. Wayne Dyer, Tony Robbins, and Jack Canfield, Shirley co-authored *Wake Up Live the Life You Love: Finding Life's Passion and* 101 *Great Ways to Improve Your Life*, Volume 2.

2. Book Awards

Waking Spirit: Prose & Poems the Spirit Sings is the recipient of:

• 2009 Silver Recipient of Mom's Choice Awards in Inspirational/Motivational

• The Avatar Award for Spiritual Excellence in Literature (2008)

• Best book in three categories of Reader Views 2007 Annual Literary Awards: First Place in Poetry Nonfiction, and Second Place in both New Age Nonfiction and Spirituality/Inspiration

• Finalist in the national Indie Excellence 2007 Book Awards

• Honorable Mention in the 2007 New York Book Festival Competition in Poetry

• Honorable Mention in the 2007 DIY Book Festival in Poetry

Embrace Ultra-Ability! Wisdom, Insight & Motivation from the Blind Who Sees Far and Wide is the recipient of:

• Nine Parent to Parent Adding Wisdom Awards, including Adult Health & Well-Being, Books Inspirational/Christian, Gifts for Mom, Gifts for Dad, and Unique Products

• Reader Views 2008 Literary Awards Honorable Mention for Body/Mind/Spirit

• Finalist in the 2008 Next Generation Indie Book Awards in Motivational

• Finalist in the National Best Books 2008 Awards in Philosophy

3. Shirley at www.ShirleyCheng.com

Visit Shirley on the Web at www. ShirleyCheng. com to learn more about her, her books, listen to some of her radio show interviews, E-mail her, and subscribe to her monthly newsletter, Inspiration from a Blind, to receive words of inspiration, special news and events information, and exclusive offers for members. Her newsletter issues are archived on her blog, http://blog. shirleycheng. com to which people can subscribe via E-mail or RSS.

Personalized autographed copies of all of Shirley's books are available from her Web site.

Her books are also available through Ingram, from Amazon. com (and their international sites) and BN. com.

Shirley is available for interviews, speaking engagements, book signings, and inspirational events. Contact Shirley via her site at www. ShirleyCheng. com